Ein Liter Suppe und 60 Gramm Brot

Umschlag:
Notizbuch, in dem Heinz Kounio stichwortartig seine Erlebnisse 1943–45 vermerkt hatte. Mithilfe dieser Fragmente brachte er im Jahr 1981 seine Erinnerungen in Buchform heraus, deren Übersetzung nun auf Deutsch vorliegt.

Die griechische Ausgabe erschien unter dem Titel Έζησα τον θάνατο, το ημερολόγιο του αριθμού 109565 im Verlag Ίδρυμα Ετς Αχαΐμ, Thessaloniki 2014.

Veröffentlicht aus Mitteln des Deutsch-Griechischen Zukunftsfonds des Auswärtigen Amtes.  Auswärtiges Amt

Die Deutsche Nationalbibliothek verzeichnet diese Publikation in der Deutschen Nationalbibliografie; detaillierte Daten sind im Internet über https://portal.d-nb.de/ abrufbar.

© Heinz Kounio, 1981/2014
© 2016 Hentrich & Hentrich Verlag Berlin
Inh. Dr. Nora Pester
Wilhelmstraße 118, 10963 Berlin
info@hentrichhentrich.de
http://www.hentrichhentrich.de

Lektorat: Constanze Thielen
Satz: Barbara Nicol, Berlin
Umschlaggestaltung: Michaela Weber, Leipzig
Gesamtherstellung: Thomas Schneider, Jesewitz
Druck: Winterwork, Borsdorf

1. Auflage 2016
Alle Rechte vorbehalten
Printed in Germany
ISBN 978-3-95565-162-6

Heinz Salvator Kounio

Ein Liter Suppe und 60 Gramm Brot

Das Tagebuch des Gefangenen 109565

Aus dem Griechischen von
Michaela Prinzinger und Athanassios Tsingas

Inhalt

Geleitwort zur deutschen Ausgabe	9
Erläuterungen und Danksagungen	11
Editorische Notiz der Übersetzenden	14
Die Familie Kounio	15
Das Lager Baron Hirsch	19
Das Konzentrationslager Auschwitz-Birkenau	29
Die Krematorien	42
Das Männerlager	50
Das Frauenlager	72
Die anderen Lager	78
Der Luftangriff der Alliierten	82
Mein Leben im Konzentrationslager Auschwitz	108
Konzentrationslager Auschwitz Personenbeschreibungen	115
Die Evakuierung von Auschwitz	136

Methoden der Vernichtung	144
Mein Leben im Konzentrationslager Mauthausen	147
Die Geschichte des Konzentrationslagers Melk	153
Mein Leben im Konzentrationslager Melk	157
Konzentrationslager Melk Personenbeschreibungen	179
Die Evakuierung des Konzentrationslagers Melk	189
Die Geschichte des Konzentrationslagers Ebensee	203
Mein Leben im Konzentrationslager Ebensee	208
Der große Tag	226
Freiheit!	231
Nachwort	236
Danuta Czech Deportation und Vernichtung der griechischen Juden im KL Auschwitz	239
Ausgewählte weiterführende Literatur	254

Widmung

Dieses Buch ist dem Gedenken der verwandten und befreundeten Glaubensbrüder aus Thessaloniki und meinem teuren Freund in Zeiten großer Pein, Leon Fabian, gewidmet.

Geleitwort zur deutschen Ausgabe

Die Vernichtung von sechs Millionen Juden ist eine historische Tatsache, die auch heute, 75 Jahre nach dem Einmarsch der deutschen Truppen in meine griechische Heimatstadt Thessaloniki, unbegreiflich und als historisches Ereignis einmalig bleibt.

Ab dem Moment, in dem meine Familie und ich 1943 als Gefangene der nationalsozialistischen, antisemitischen Weltanschauung die Waggons betraten, sollten wir – sollte ich – in den deutschen Konzentrationslagern zwei endlose Jahre alle Stufen des menschlichen Leidens, der Demütigung und Entwürdigung erleben. Als ich mein Zwangsabenteuer antrat, war ich gerade 15 Jahre alt. Ich sah die Jugendträume, die damals in meiner unbeschwerten Seele brodelten, in sich zusammenfallen.

Seit der ersten Auflage meines Buches in griechischer Sprache sind 34 Jahre vergangen. Seine jetzige Veröffentlichung in deutscher Sprache ist von besonderer Bedeutung: Dieses Mal ist es in ihrer Sprache an die Deutschen und insbesondere an die deutsche Jugend adressiert. Die jüngeren Generationen sind sensibilisiert und in der Geschichte der Schoah unterrichtet, bewandert und aufgeklärt. Mein Tagebuch wird ihren Kenntnissen eine neue Dimension geben, denn der Einblick in das persönliche Schicksal und den Leidensweg eines jüdischen Heranwachsenden aus dem fernen Griechenland, einem Land am Rande Europas, einem Land, das der zeitgenössische Europäer mit kristallklarem Meer und blauem Himmel verbindet, wirkt bestürzend und irritierend.

Meine Aufzeichnungen, die ergänzenden Fakten und Fotos (von denen die meisten mein Vater nach der Befreiung des Konzentrationslagers Ebensee aufgenommen hat), geben dem deutschen Leser einen tiefen Einblick in die Schrecken der Vernichtungslager und werden so zu einer wichtigen Grundlage für den aufklärenden Unterricht.

Ich hoffe, dass die Veröffentlichung meines Buches in Deutschland noch etwas mehr Licht auf die Geschichte der Schoah wirft und auch die jüngeren Generationen in einem Land mit so großer globaler politischer Macht in dem Bestreben unterstützt, sich mit aller Kraft dafür einzusetzen, dass eine Wiederholung solcher Geschehnisse – egal wo, egal wann – ausgeschlossen ist.

Heinz S. Kounio

Erläuterungen und Danksagungen

Nach so vielen Jahren des Schweigens seit meiner Rückkehr aus den nationalsozialistischen Lagern waren es diese drei Beobachtungen, die mich zur ersten Ausgabe dieses Buches im Jahr 1981 bewogen:

1. Die Generation, die den Zweiten Weltkrieg erlebt hat, wird bald selbst Vergangenheit sein.
2. Die Zeitgenossen vergessen schnell oder werden in Kürze alles vergessen haben.
3. Die späteren Nachkriegsgenerationen und die nachfolgenden Jahrgänge, die dabei sind, ihre eigene Existenz zu entdecken und ihren Platz in der heutigen Welt zu finden, zweifeln immer mehr an der schrecklichsten Zeit der jüngeren europäischen Geschichte, insbesondere aufgrund der systematischen Desinformationskampagnen derer, die Interesse daran haben, die NS-Verbrechen zu verschleiern. So setzt sich eine an Tilgung grenzende, immer dicker werdende Schicht des Vergessens auf die ungeheuren Gräuel der Nazis, die sie bei dem Versuch, die Weltherrschaft zu erlangen, verursacht haben.

Im kurz zuvor befreiten Lager Auschwitz lief ich eines Nachts allein auf den verlassenen Straßen. Ich hob den Blick und sah die unendlich vielen Sterne, die in ihrem Glanz schimmerten, jetzt wo sie kein dunkler Rauch aus den Krematorien mehr überdeckte – begleitet vom entsetzlichen Geruch verbrannten Fleisches.

In diesem Moment erschien mir jeder Stern wie die vermisste Seele eines unschuldig ermordeten Säuglings, Kindes, Erwachsenen, Alten, Behinderten. Einige Tautropfen, die auf meine glühende Stirn fielen, empfand ich als göttliche Tränen für jeden dieser so sinnlos umgebrachten Menschen. Ich interpretierte sie als Aufforderung, diese Seelen nie in Vergessenheit geraten zu lassen.

Vier Herzen, die im Einklang mit meinem schlagen, meine vier Kinder – sie waren zwischen 12 und 24 Jahre alt, als ich dieses Buch schrieb – forderten mich einstimmig auf, meine Erfahrungen niederzuschreiben und aufzuhören, weiterhin stummer Zeuge einer ungeheuerlichen Vergangenheit zu sein. Ihr fast zwingendes Beharren darauf hat mich überzeugt, ein solches Projekt könne helfen, die Erinnerung aufrechtzuerhalten, sie wiederzubeleben und auch dazu beizutragen, in den Köpfen der Generationen, die diese Zeit nicht erlebt haben, falsche Behauptungen zu widerlegen und Vorurteile sowie Zweifel zu zerstreuen. Das Buch soll auch dazu dienen, die schreckliche Nazi-Maschinerie aufzudecken und uns allen in Erinnerung zu rufen: Wir müssen uns leidenschaftlich gegen all diejenigen wehren, die die Würde des Menschen angreifen, die es auf die Freiheit von Gedanken, Religion und den Ausdruck individueller Geradlinigkeit abgesehen haben.

Für 23 meiner nächsten Verwandten – Säuglinge, Kleinkinder, Junge und Alte –, die in der Hölle von Auschwitz umgekommen sind, kann ich nicht mehr tun, als dieses Projekt ihrem Andenken zu widmen. Meiner geliebten Frau Rachel danke ich unendlich für ihre Geduld und Unterstützung, die sie mir in Zeiten der seelischen Not beim Schreiben dieses Buch entgegenbrachte. Oft habe ich ihr Kummer bereitet, ohne je eine Erklärung dazu abgegeben zu haben. Die Erinnerungen an die Ereignisse der Konzentrationslager waren so übermächtig und quälend, dass ich immer wieder meine liebe Not hatte, in den Alltag zurückzukehren. Meinen vier Kindern Salvator, Solon, Hella und Regina danke ich mit großer Rührung für ihre Beharrlichkeit, mit der sie mich aufforderten, die Daten zusammenzutragen und mit diesem Projekt voranzukommen. Ihre Unterstützung war für mich eine unschätzbare Hilfe. Herzlichen Dank schulde ich meiner älteren Schwester Erika Amariglio für all ihre besonnenen Hinweise und meiner Mutter Hella Kounio für ihre wertvollen Informationen, bittere Frucht unserer Pein in den Konzentrationslagern. Großen Dank schulde ich der Leitung des Staatlichen Museums Auschwitz-Birkenau für die Dokumente und Fotos, die mir zur Verfügung gestellt wurden.

Ich empfinde Dankbarkeit für meinen Vater, der im Lager Ebensee unmittelbar nach unserer Befreiung durch US-Truppen Fotoaufnahmen gemacht hat. Und ich will nicht versäumen, mich bei allen Freunden und Experten zu bedanken, die mir ihre Hilfe angeboten haben, um diese Arbeit zu vollenden. Ihren Vorschlägen und Schriften, die ich in meinem Buch zum Teil erwähne, habe ich viel zu verdanken.

Heinz S. Kounio
Thessaloniki, 1982

Editorische Notiz der Übersetzenden

Heinz Kounio hat die Konzentrationslager Auschwitz, Mauthausen, Melk und Ebensee überlebt. In seinem Tagebuch gibt er als Augenzeuge, der im Teenageralter war, nicht nur detaillierte Informationen zum „Alltag" in den Lagern, sondern auch zum Schicksal der griechischen Juden, das lange Zeit wenig bekannt war. Sogar in den Vernichtungslagern wurden sie mitunter von jüdischen Mithäftlingen nicht als Glaubensgenossen wahrgenommen, weil sie kein Jiddisch, sondern Ladino sprachen, die romanische Sprache der Sephardim.

Mit Vater Salvator, Mutter Hella und Schwester Erika war er im ersten Transport von Griechenland aus, der Thessaloniki am 15. März 1943 in Richtung Auschwitz verließ. Auf der Todesrampe entging die komplette Familie wider Erwarten der Selektion und blieb am Leben, weil sie des Deutschen mächtig und ihren Peinigern als Dolmetscher für alle nachfolgenden griechisch sprechenden Deportierten nützlich war.

Unsere Aufgabe war es nun, das erschütternde Tagebuch von Heinz Kounio behutsam aus dem Griechischen der 1940er Jahre ins Deutsche der 2010er Jahre zu übertragen, um dieses einzigartige Zeugnis dem deutschsprachigen Publikum nahe zu bringen.

Michaela Prinzinger und Athanassios Tsingas

Die Familie Kounio

Heinz Kounios sephardischer Vater Salvator führte seit 1917 ein florierendes Fotogeschäft im Zentrum von Thessaloniki (das heute in der vierten Generation fortgeführt wird). In der Stadt lebte damals die größte sephardische Gemeinde Europas. Ladino war die dominierende Sprache. Seine aschkenasische Mutter Hella wuchs behütet in Wien und Karlsbad als Tochter des Architekten Ernst Loewy auf. Als sie Salvator Kounio kennenlernte, brach sie 1925 ihr Medizinstudium in Leipzig ab und folgte ihrem Angetrauten nach Thessaloniki.

Salvator und Hella Kounio bekamen zwei Kinder: Erika (1926) und Heinz (1927). Die Geschwister wuchsen unbeschwert und ohne materielle Sorgen in einem großbürgerlichen Haus direkt am Meer auf. Der große Freundes- und Bekanntenkreis der Eltern umfasste in der damals multikulturellen und weltoffenen Stadt Thessaloniki Menschen aller Konfessionen. Die beiden Kinder verbrachten jedes Jahr einen Teil der langen griechischen Sommerferien bei den österreichischen Großeltern.

Um 1900, als Thessaloniki noch zum osmanischen Reich gehörte, machten die jüdischen Einwohner etwa die Hälfte der Gesamtbevölkerung von über 170 000 aus. Man sprach vom „Jerusalem des Balkans", es herrschte ein reges kulturelles Leben. Der Londoner Vertrag von 1913 schlug das Gebiet Makedonien und damit auch Thessaloniki dem griechischen Staat zu. Danach verringerte sich die jüdische Bevölkerung bis 1940 durch Auswanderung in die USA und nach Palästina auf unter 50 000. Während der faschistischen Metaxas-Diktatur 1936–41 wurden weder Rassengesetze eingeführt noch eine antisemitische Politik verfolgt.

Nach den Novemberpogromen von 1938 in Deutschland und der Zerschlagung der Tschechoslowakei im März 1939 verbrachten Erika und Heinz Kounio ihren Sommer zum ersten Mal nicht in Karlsbad. Die Großeltern siedelten im selben Jahr besorgt nach Griechenland um. Am 9. April 1941 nahmen die deutschen Truppen Thessaloniki ein. Am 8. Februar 1943 wurden die sogenannten Nürnberger Gesetze auch in Griechenland eingeführt, das Tragen des gelben Sterns wurde Pflicht. Bis zum 25. Februar 1943 war die jüdische Bevölkerung der Stadt in Ghettos zusammengepfercht, am 20. März 1943 starteten die Deportationen nach Auschwitz. Die Macht der Besatzer war einschüchternd, eine Rettung der jüdischen Bevölkerung faktisch nicht mehr möglich.

Um den erbärmlichen Lebensumständen im Ghetto zu entgehen, beschloss Familie Kounio – auch aufgrund falscher Versprechungen eines neuen Lebens in Polen – beim ersten Transport mit weiteren 2 800 Juden mitzufahren. Ziel des Zuges war das damals unbekannte Auschwitz. Die Kounios waren jedoch die einzigen Griechen dieses Transports, die deutsch sprachen. Sie wurden bereits auf der Rampe als Dolmetscher für die ab nun zahlreich eintreffenden griechischen Gefangenen eingesetzt. Mutter Hella und Tochter Erika überlebten die über zweijährige Internierung als Schreiberinnen in verschiedenen Frauenlagern, Vater Salvator und Sohn Heinz in mehreren Männerlagern.

Nach unbeschreiblichen Aufenthalten in den Konzentrationslagern und den sogenannten Todesmärschen fanden die vier Mitglieder der Familie Kounio im Sommer 1945 in ihrer Heimatstadt Thessaloniki schließlich wieder zusammen.

Das Lager Baron Hirsch

Freitag, 12. März 1943

Ich lebte mit meiner Familie (meinem Vater Salvator, meiner Mutter Hella und meiner älteren Schwester Erika) in Thessaloniki in einem schönen Haus am Meer, das mein Vater für meine Mutter hatte errichten lassen, die Braut, die er 1925 aus der Tschechoslowakei mitgebracht hatte. Mein Vater hatte ein Fotofachgeschäft und war ein angesehenes Mitglied der großen sephardischen Gemeinde von Thessaloniki. Meine Mutter war eine aschkenasische Israelitin, was mich zu einem „Mischling" machte. Ich war erst 15, als die Deportationen der Israeliten von Thessaloniki begannen, meine ältere Schwester Erika war 17 Jahre alt. An diesem Tag wurde unser bis dahin so glückliches Familienleben grausam zerstört.

Am 12. März 1943 gegen 11 Uhr kam die deutsche Feldgendarmerie zu uns nach Hause und befahl, unsere Sachen zu packen. Man würde uns ins Transitlager Baron Hirsch bringen. Das befand sich innerhalb eines dicht besiedelten jüdischen Wohnviertels in der Nähe des alten Bahnhofs. Wir waren offensichtlich verraten worden. Der deutsche Befehl war eindeutig: In zwei Stunden hatten wir in diesem Lager zu erscheinen, das für mich bis heute mit schrecklichen Erinnerungen verbunden ist. Aber weder meine Schwester noch ich konnten damals den Ernst der Lage ermessen.

Wir packten eilig alles, was wir in der kurzen Zeit zusammenraffen konnten, und folgten den Soldaten, die uns in ein Kaffeehaus brachten, das unsere provisorische

Unterkunft wurde. Dort sollten wir bleiben und auf neue Anweisungen warten. Schon der erste Eindruck des Gebäudes war erschreckend. Außerdem war keine Menschenseele auf der Straße und die Häuser wirkten verbarrikadiert.

Ich fragte einen der Deutschen, warum alles so still und verlassen sei. Sein trockener Kommentar lautete: „Ausgang ist nur tagsüber zu bestimmten Zeiten."

So begann unsere Odyssee. Und das war noch harmlos im Vergleich zu dem, was uns noch bevorstand. Als wir uns hinlegen wollten, fanden wir keinen trockenen Schlafplatz. Vom Dach des Kaffeehauses tropfte ununterbrochen Wasser. Zusammen mit uns war eine bemitleidenswerte Frau mit Mann und Kind aus dem Bezirk 25. März untergebracht. Das Baby weinte unaufhörlich. Das sollte schließlich auch der Grund sein, warum Mutter und Kind später in Auschwitz ermordet wurden. Nur der Mann überlebte und kehrte nach Thessaloniki zurück.

Trotz unserer warmen Kleidung zitterten wir in diesem Kaffeehaus wegen der Feuchtigkeit am ganzen Körper. Düstere Gedanken bedrängten uns, wir trauten uns aber nicht, sie auszusprechen. Wohin werden wir gebracht? Was erwartet uns?

Wir waren noch so arglos, die Brutalität der Nazis hatten wir noch nicht kennengelernt. Wir hatten von einem Transport gehört, der nach Polen gehen sollte. Doch jede Information, die uns erreichte, schwamm in einem Dunst der Vieldeutigkeit. Manche sprachen von Lublin, andere von Krakau. Am nächsten Tag kamen weitere Neuankömmlinge ins Lager, die sofort in eine Art Verlies gesperrt wurden. Die Zeit verging langsam und träge. Zu Mittag gab es eine recht schmackhafte Suppe, die vom

Roten Kreuz bereitgestellt wurde. Die zweite Nacht verging unruhig. Im Morgengrauen wurden wir mit harschen Befehlen aufgefordert, zum Gemeindebüro zu gehen, das sich nunmehr in der Synagoge des Viertels befand. Dort sollten wir eine Berechtigungsnummer für den Transport bekommen, der für 2 Uhr am Sonntagmorgen angesetzt worden war.

Schlagartig wurde uns die schreckliche Realität bewusst. Trotzdem begaben wir uns mit einer unerklärlichen inneren Trägheit im Herzen wie Schatten, die in der Finsternis umherirren, als willenlose Herde zur Synagoge und ließen uns in die Listen eintragen. Wenn ich jetzt in Ruhe darüber nachdenke, könnte ich diese passive Haltung damit begründen, dass wir den kaltblütig ausgearbeiteten, teuflischen Plänen der Nazis in jeder Beziehung völlig ahnungslos gegenüberstanden. Was aber war mit all denen, die nach uns deportiert wurden? Sie hatten gesehen, unter welchen Bedingungen der erste Transport stattgefunden hatte. Ich frage mich heute, ob ich, wäre ich nicht beim ersten Transport dabei gewesen, einen Weg gesucht hätte, um der Deportation zu entgehen.

Am Abend desselben Tages kam der Befehl, unser Gepäck bereit zu halten. Zwei Stunden nach Mitternacht sollten wir uns auf dem Hauptplatz des Wohnviertels Baron Hirsch einfinden. Wir hatten je nur eine Decke, einen Löffel und eine Gabel bei uns. Uns war gesagt worden, wir sollten unsere wärmsten Kleider anziehen. Goldschmuck und andere Wertsachen hatten wir in der Synagoge abgegeben und dafür eine Quittung bekommen.

Auch unser Bargeld hatten wir abgeben müssen. Dafür war uns ein Scheck in polnischen Złotys überreicht worden. Ein Złoty entsprach damals 30 Drachmen. Die Drachme war außerhalb der griechischen Grenzen wertlos. Die Farce um Złotys, Schecks und Banken, die diese angeblich einlösen würden, wurde dermaßen überzeugend gespielt, dass keiner von uns Verdacht schöpfte.

Um 2 Uhr gab es wieder Lärm und Befehlsgeschrei: Wir sollten uns in Fünferreihen auf der Hauptstraße aufstellen. Unsere Sachen hatten wir auf dem Boden neben uns stehen, in Händen hielten wir nur das Nötigste.

Zusammen mit über 2 500 ebenso ahnungslosen Menschen standen wir nun auf der Straße. Schließlich setzten wir uns auf das Steinpflaster. Zwei volle Stunden vergingen, bevor der Befehl zum Aufbruch kam und wir zum Bahnhof marschierten. Mütter versuchten, ihre weinenden Kinder zu beruhigen. Männer gingen nervös hin und her und brüteten über düsteren Gedanken. Andere legten sich aufs kalte Straßenpflaster und schliefen wieder ein. Es begann zu dämmern, als unsere qualvolle Reise begann. Als man uns zu den Güterwaggons führte, bot sich uns ein deprimierendes Schauspiel. Eine endlose Kolonne von Menschen jeder Couleur, beladen mit den unglaublichsten Gepäckstücken, schritt – gebückt unter der ungewöhnlich schweren Last – langsam voran. Einige waren schneller und überholten die anderen. Jemand versuchte, sich den Koffer erneut auf die Schulter zu hieven. Ein anderer war erschöpft und versuchte, kurz durchzuatmen. Die menschliche Herde setzte ihren Weg ununterbrochen fort. Sechzig Personen sollten in jeden Eisenbahnwaggon steigen, darunter ganze Familien – Männer, Frauen, Kinder und Alte. Nach der Registrierung wurden alle Waggons verriegelt. Dann warteten wir auf den nächsten Befehl.

Grauen erfüllte unsere Seele, als wir in dieses mobile Gefängnis eingesperrt wurden. Es gab keinen Platz zum Sitzen, nicht einmal zeitweilig. Das zusammengewürfelte Reisegepäck – Koffer, Pakete, Taschen, Decken – war kreuz und quer übereinandergestapelt und nahm daher viel Platz ein. Doch bald fand sich ein Weg, ein wenig Ordnung zu schaffen: Durch das Umschichten des Gepäcks entstand etwas mehr Raum für die Menschen. Aber das herzzerreißende Schreien und Weinen der Säuglinge und Kleinkinder schuf eine Atmosphäre, die unsere qualvolle Fahrt von Beginn an schwer belastete.

Unsere Reise

„Wasser! Wasser!", verlangten diese zarten Wesen mit einer Beharrlichkeit, die uns das Herz zuschnürte. Und sie verlangten genau nach dem, was unmöglich aufzutreiben war.

Sobald die helle Sonnenscheibe am Horizont erschien, setzte sich der Zug nach endlosem Rangieren in Richtung Grenze bei Gevgelija (im ehemaligen Jugoslawien) in Bewegung. Instinktiv stürmten wir zu den Fenstern und Ritzen des Waggons, um einen letzten Blick auf Thessaloniki zu erhaschen, die Stadt, die wir gerade so abrupt und auf eine so unmenschliche Weise hatten verlassen müssen. Unsere Augen füllten sich mit Tränen ... Wir konnten und wollten nicht glauben, dass all das Wirklichkeit und keine Einbildung war.

Hätte uns jemand in diesem Moment gesagt, dass die meisten von uns unter schrecklicher Folter sterben oder in Krematorien (von denen wir damals noch nichts wussten) zu Staub zerfallen würden, wären das in unseren Ohren zusammenhanglose Worte eines Psychopathen gewesen. Wie konnten wir nur so blind sein?

Am Grenzübergang Gevgelija an der griechisch-serbischen Grenze gab es einen neuen Befehl. Das griechische Bargeld, das wir noch besaßen, sollte abgegeben werden. Aber das war kein offizieller Befehl. Die Wachen nahmen es uns ab, es gab sogar Leibesvisitationen. Dann verschwand der Fluss Axiós aus unserem Blickfeld. Das war das letzte Bild von der Heimat. Nur schwer konnten wir die Rührung verbergen, die unsere Herzen überkam.

Sobald wir im Waggon eingesperrt waren, konnten wir weder austreten, noch an Wasser kommen, nach dem sich besonders die Kinder so verzehrten.

Kurz nach der Grenze hielt unser Zug. Hier stand er bis zum Tagesanbruch des nächsten Tages. Es war eine beklemmende Nacht. Die Kälte störte uns nicht. Wir waren ja so viele Menschen auf so kleinem Raum! Aber dieses nicht enden wollende Rufen der Kinder nach „Wasser! Wasser!" bohrte sich in unser zermartertes Hirn...

Die erste Nacht verbrachten wir im stehenden Zug. Er setzte sich erst wieder am Dienstag im Morgengrauen in Bewegung. Seine Geschwindigkeit überschritt bestimmt kaum 20 km/h.

Als wir an diesem Tag endlich zum ersten Mal den Zug zum Austreten verlassen durften, erlaubte man uns auch, Wasser zu holen, so viel wir wollten. Ich kann mir seitdem gut vorstellen, was Wasser für einen Wüstenwanderer bedeuten muss. Wir empfanden genau dasselbe, als wir gierig, mit allen Sinnen genießend, das reichlich fließende Nass tranken. Unsere Köpfe hielten wir lange unter die Wasserhähne. Die Wachen hatten einen Kreis um uns gebildet, aus Angst, jemand könnte zu fliehen versuchen. Weniger schwer wäre es gewesen, aus dem langsam fahrenden Zug zu springen, so wie man es aus einer fahrenden Straßenbahn in Thessaloniki tat. Die Waggonfenster waren weder mit Stacheldraht gesichert noch gab es Wachen im Wageninneren. Sie waren nur am Anfang und am Ende des Zuges postiert. Ein Fluchtversuch hätte große Erfolgsaussichten gehabt, aber niemand von uns wagte es, auch nur darüber nachzudenken.

Am nächsten Mittag kamen wir in Belgrad an. Das Einzige, was wir sehen konnten, war die große Donaubrücke in der Nähe der jugoslawischen Hauptstadt, ein beeindruckender Anblick. Plötzlich hielt der Zug mitten auf der Brücke an, wo er eine volle Stunde stehen blieb. Die Donau floss gemächlich unter uns durch. In der Ferne war Belgrad diffus zu erkennen. Das Wetter war schlecht, Nebel verschleierte die umliegende Landschaft.

Spät in der Nacht verließen wir Belgrad wieder. Es war nach 23 Uhr, als wir langsam Richtung Zagreb, der kroatischen Hauptstadt, losfuhren. Unsere Nahrungsmittel gingen zur Neige. Hunger machte sich immer stärker bemerkbar, Wasser fehlte uns hingegen weniger. Irgendwann durften wir aussteigen. Das Verhalten unserer Wachen war annehmbar – und das war fast ein Privileg. Im Vergleich zur Qual späterer Transporte – auf denen unterwegs auch Todesfälle zu betrauern waren – gab es an dieser Reise, auch wenn sie erzwungen war, kaum etwas auszusetzen. Am nächsten Abend erreichten wir Zagreb. Die Stadt war zerstört und verwüstet. Es sah aus, als hätten die Partisanen den Eroberern ernsthafte Probleme bereitet. Später sahen wir umgestürzte Züge und verbrannte Dörfer. Auf der gesamten Eisenbahnstrecke patrouillierten die Deutschen. Der Zug wurde immer wieder gestoppt, um ein defektes Gleis zu reparieren. Stundenlang harrten wir an ein und derselben Stelle aus.

Von den Wachen erhielten wir die Information, dass wir in der kommenden Nacht die österreichische Grenze passieren und nach Mitternacht in Wien ankommen würden. Doch als wir deutsches Gebiet erreichten, wurde ein neues Verbot ausgesprochen, das unsere Reise vollkommen veränderte: Es war uns Juden nicht mehr erlaubt, den Waggon zu verlassen, damit wir den „deutschen Boden" nicht verunreinigten ... Immer wieder ertönte der verzweifelte Schrei der Kinder „Wasser! Wasser!", auf den niemand von uns etwas erwidern konnte. Auch die Hitze war wieder unerträglich. Wir hatten das Gefühl, im Waggon zu verglühen. Der Durst wurde immer größer, doch kein Flehen konnte die deutschen Wachen erweichen.

Von diesem Zeitpunkt an wurde unsere Reise zur unerträglichen Qual. Es gab keine Abkühlung, nirgends. Und was noch schlimmer war: Unser Waggon war notgedrungen auch zur Toilette geworden. In einer Ecke wurde ein kleiner Sichtschutz aufgestellt, dahinter konnte man sich erleichtern. An den deutschen Bahnhöfen war die fanatische Aversion der Nazis gegen uns besonders ersichtlich. Die Gestapo war sehr wachsam und zeigte nicht die mindeste Regung von Mitgefühl. Wir hatten Wien in Richtung Polen hinter uns gelassen und am Morgen die tschechoslowakische Grenze erreicht. Die Gastfreundschaft der Tschechen war rührend. Ihre Hilfe war spontan: etwas Brot, Kekse, Wasser, Limonade. Die Überwachung durch die SS war ihnen egal. Das Verlassen der Waggons blieb jedoch weiterhin verboten. Uns wurde klar, dass die Reise langsam zu Ende ging. Der Zug fuhr jetzt ohne Unterbrechungen oder Zwischenstopps, als hätte er es plötzlich eilig, uns zur unseligen Endstation zu bringen. Wir waren jetzt in Polen. Sechs Tage dauerte unsere bittere Reise schon. Endlich kam eine klare Ansage: Nachts oder am nächsten Morgen würden wir in Auschwitz ankommen, das Ziel war erreicht. Auschwitz – diesen Namen hörten wir zum ersten Mal. Es war ein Knotenpunkt auf dem Weg nach Krakau und ins westliche Deutschland.

Der Zug fuhr mit hoher Geschwindigkeit. Angehalten wurde nicht mehr. Wir gingen davon aus, dass wir in der kommenden Nacht Auschwitz erreichen würden. Allgemeiner Aufruhr bei den Vorbereitungen: Wir rafften Bündel, Koffer, Kartons zusammen. Die Ungewissheit nagte an unseren Seelen. Eingetaucht in ein Meer bitterer Vorahnungen schwiegen wir ängstlich.

Am 20. März 1943 hielt unser Zug eine Stunde vor Mitternacht pfeifend an. Wir waren in einem der schrecklichsten Konzentrationslager angelangt, die der sadistische Antisemitismus der Nazihorden je erfunden hat. Raue, unartikulierte Befehle empfingen uns. Darauf waren wir nicht vorbereitet, und wir reagierten geschockt: „Raus, schnell raus hier! Runter mit euch, ihr Schweine, ihr räudigen Hunde!" Dieser unfreundliche Empfang war nur ein kleiner Vorgeschmack auf die Torturen, die wir zwei lange Jahre erdulden sollten ...

Kaum hatten wir uns einigermaßen ordentlich aufgestellt, wie für eine Parade, begann die Selektion nach Alter, körperlicher Verfassung und Gesundheitszustand. Dann folgte eine Ansprache, die ein unglaublich grimmig dreinblickender SS-Offizier zur Begrüßung an uns richtete – voller Hochmut, im Stil und Tonfall desjenigen, der glaubt, anderen Befehle erteilen zu können. Worte, ausgesprochen im vollen Bewusstsein der Macht seines militärischen Dienstgrades und im unerschütterlichen Glauben an die Überlegenheit seiner Rasse. Unsere Seelen, unvorbereitet auf das Kommende und verdunkelt von bitterer Verzweiflung, waren nicht mehr imstande, zu reagieren und sich aufzulehnen.

„Ihr seid hier in einem deutschen Konzentrationslager und nicht zur Erholung in einem Sanatorium. Dieses Lager hat nur einen Ausgang: Den aus dem hohen schwarzen Schlot, aus dem der dicke Rauch aufsteigt. Dort kommt ihr alle raus!"

Die rauen, gellenden Befehle, die wiederholten Peitschenhiebe, der schwarze Schornstein im Hintergrund, aus dem sich schwarzer Rauch schlangenartig in den Himmel wand und der schockierende Geruch von verbranntem Fleisch ließen uns binnen Minuten um Jahre altern ...

Das Konzentrationslager Auschwitz-Birkenau

Geschichte, Organisation, Ziele

Mein persönliches Schicksal steht stellvertretend für das Leid all derer, die durch dieses Lager gingen oder dort leben mussten. So entstand die Idee, ein aus meiner Sicht möglichst getreues und lebendiges Bild des Lagers wiederzugeben, welches das Ziel hatte, bestimmte Gruppen von Menschen zu vernichten. Wie war das Lager organisiert? Welchem Zweck diente es? Wie wurde es verwaltet? Das Lager trug denselben Namen wie eine fünf Kilometer entfernte kleine polnische Ortschaft namens Oświęcim (auf Deutsch: Auschwitz). Dieses Dorf liegt in der Nähe von Krakau an der Bahnlinie nach Deutschland.

Als wir dort ankamen, hatte sich das Dorf in den letzten Jahren dank der Deutschen mittlerweile zu einer Kleinstadt von 10 000 Einwohnern gemausert. Die Kleinstadt war ein strategischer Knotenpunkt, versorgte durch seine Infrastruktur aber auch ein bedeutendes Industriegebiet, auf dem sich die größten Kohleminen im deutschen Osten befanden.

Vor 1939 gehörte ganz Oberschlesien zu Polen. Jetzt war es Teil des Deutschen Reiches. Die Bahnlinie führte direkt ins Lager, dessen Fläche vier Quadratkilometer betrug. Im Stammlager lebten mehr als 17 000 Gefangene. Die SS-Wache bestand aus 8 000–10 000 Mitgliedern. Auschwitz war ein ganz neues Lager. Es war erst im Sommer 1942 errichtet worden, nachdem die Deutschen Schlesien besetzt hatten. Damals wurde das erste große

Gebäude errichtet, und darum herum entstand dieses Lager, das außerhalb des deutschen Staatsgebiets der Vernichtung der europäischen Juden dienen sollte.

Als unser Transport zwei Jahre später im März 1943 dort ankam, gab es in Auschwitz 100 000 Gefangene. Die Zahl derer, die bis Januar 1945 umkamen, überschritt 1,5 Millionen. Das Stammlager Auschwitz war das Verwaltungszentrum von zahlreichen weiteren, kleineren Lagern. Dazu gehörten auch die Buna-Werke, große Fabriken zur Herstellung von synthetischem Kautschuk. Sie lagen zehn Kilometer von Auschwitz entfernt. Für eine schnelle und effektive Tötung der Gefangenen wurden die Krematorien, diese entsetzlichen Öfen, gebaut, in denen Millionen menschlicher Wesen für immer verschwanden. Fünf Kilometer von Auschwitz entfernt stand ein weiteres Lager, Birkenau. Dort gab es über die Krematorien hinaus noch andere Möglichkeiten der Vernichtung. Darauf werde ich noch zurückkommen und auch erörtern, wie die Krematorien funktionierten.

Polen, Israeliten und Franzosen waren damit beschäftigt, das Lager Auschwitz auszubauen, denn es hatte seine endgültige Gestalt noch nicht bekommen. Neuere Pläne sahen eine Erweiterung vor, um noch mehr Gefangene aufnehmen zu können. Dabei sollten Unterkünfte für eine Million Gefangene geschaffen werden. Aber Nazi-Deutschland konnte diesen makabren Ort der Vernichtung nicht mehr fertigstellen. Hätte Hitlers Eroberungsmaschinerie Europa noch ein paar Jahre länger beherrscht, wäre jeglicher Widerstand gegen Deutschland dort vernichtet worden. Bis zum Tag unserer Evakuierung bekam ich die zweifelhafte Chance, mir die Abläufe im Lager anzueignen. Als maßgebliches Stammlager hatte es für andere Lager eine Art Vorbildfunktion.

Im Stammlager Auschwitz gab es 28 uniforme Bauten. Man nannte sie Blöcke oder Baracken. Jeder Block hatte zwei Etagen, einen Dachboden und einen Keller. Dachgeschoss und Keller waren ebenfalls als Häftlingsunterkünfte konzipiert, so dass die Flächen optimal genutzt wurden. Auf jeder Etage gab es zwei große Räume, die als Schlafsäle dienten. Seitlich dieser Schlafsäle lag jeweils ein kleines Zimmer, das der Verantwortliche des Blocks nutzte. Auch er war ein Häftling, der von der SS als Blockältester eingesetzt wurde. Er war für die Sauberkeit und Disziplin der Gefangenen zuständig.

Jeder Schlafsaal hatte etwa 80 dreistöckige Etagenbetten. Jedes Bett hatte zwei Decken und eine Strohmatte. In jedem Bett mussten zwei, drei, oft sogar vier Häftlinge schlafen, weil nicht genügend Betten da waren. Als das Lager gebaut wurde, mussten in zwei nebeneinanderliegenden Betten bis zu acht Gefangene schlafen. Unglaublich und in seiner Tragik trotzdem wahr: Sie schliefen buchstäblich übereinandergestapelt.

Im Keller waren die Betten nicht drei-, sondern nur zweistöckig. Der Aufenthalt dort war nur im Sommer angenehm, denn im Winter war der Keller sehr feucht. Auf dem Dachboden waren die Betten dreistöckig, jedoch wegen der Dachneigung nicht so dicht angeordnet.

Jeder Blockälteste übertrug einem der Sträflinge die Aufgabe, die Nahrungsmittel und das Brot an die Gefangenen zu verteilen und die Räume zu reinigen. Damit wurde dieser als „Stubenältester" faktisch der Herrscher des Blocks. Sein Tun unterlag keinerlei Kontrolle. Oft schlug selbst ein Arbeitskommando-Kapo weniger zu als dieser Stubenälteste. Anstatt seine Pflichten selbst zu erfüllen, setzte er andere für diese Aufgaben ein, mit dem Versprechen, ihnen größere Essensrationen zu sichern. Diese zusätzliche Nahrung stahl er einfach von den anderen Gefangenen, und zwar ganz offensichtlich: Jedes Mal, wenn er Suppe verteilte, füllte er die Kelle nicht mit dem üblichen Liter Flüssigkeit, sondern neigte sie und ließ eine bestimmte Menge wieder zurückfließen. Auf diese Weise erhielt der betroffene Gefangene weniger Nahrung. Über das, was übrig blieb, verfügte der Stubenälteste vollkommen nach eigenem Ermessen. Und niemand konnte ihm etwas anhaben. Sein Vorgehen begründete er damit, dass diejenigen, die seiner Meinung nach nicht parierten, kein Anrecht auf die gleiche Menge an Nahrung hätten wie die anderen. Darüber hinaus war ein einfacher Häftling nicht glaubwürdig, niemand hätte einen Rangniedrigeren unterstützt. So beugten alle den Kopf und litten still unter dieser himmelschreienden Ungerechtigkeit. Jeder Protest oder Widerspruch hätte eine gnadenlose Prügelstrafe nach sich gezogen.

Hier muss ich einen Einschub machen und auf den Verwaltungsmechanismus zu sprechen kommen, der dieses ganze System des organisierten Vernichtungsprozesses in Gang hielt. Dem Stubenältesten war immer ein Lagerverantwortlicher übergeordnet, der Lagerälteste, in den meisten Fällen ein Krimineller.

Parallel zur allgemeinen Lagerverwaltung lief die Verwaltung der Arbeitseinsätze. Oberster Herrscher der Arbeitskommandos war der Oberkapo, der alle Kapos beaufsichtigte. Er hatte das absolute Sagen über die Gefangenen, die in seinen Arbeitskommandos bzw. Arbeitsgruppen arbeiteten. Jedes Kommando wurde von einem Kapo geführt, der wiederum einen Unterkapo als Stellvertreter ernannte. Je zwanzig Gefangene bildeten ein Kommando, das ein Vorabteiter anführte. Dieser war persönlich verantwortlich für ihre Arbeitsleistung und unterband Disziplinlosigkeit und natürlich Flucht.

Der Tagesablauf war wie folgt: Aufstehen morgens um 4:30 Uhr, Körperhygiene, perfektes Bettenmachen ohne Falten, Appell in Fünferreihen unmittelbar nach dem zweiten Gongschlag um 5 Uhr und danach wurde bis mindestens 5:30 Uhr stillgestanden. Jedes Kommando hatte an der ihm zugewiesenen Stelle zu sein. Sein Kapo hatte sich in die zentrale Stube zu begeben und Meldung zu erstatten, wie viele anwesend waren und wie viele wegen Krankheit fehlten.

Danach starteten unter den Klängen der Musikkapelle die Kommandos zu ihrem jeweiligen Arbeitsplatz. Sollte ein Kommando nicht vollzählig sein, setzte es sich erst in Bewegung, wenn die vorgeschriebene Mannschaftsstärke erreicht war. Unser Schritt folgte dem Rhythmus der Kapelle, die immer Militärmärsche spielte. Jeweils zehn Mann hatten einen Anführer, der auf den Gleichschritt seiner Gruppe achten musste. Und wehe sowohl dem Gefangenen, der sich nicht anpasste, als auch dem Anführer, der seine Gruppe nicht mit den anderen Kommandos koordinieren konnte! Bei der Ankunft am Arbeitsort gab es einen weiteren Appell mit erneuter Kontrolle, ob auf dem Hinweg nicht doch jemand entkommen war.

Die Arbeitszeiten waren im Sommer von 6 bis 18 Uhr, im Winter von 7 bis 16:30 Uhr. Im Sommer gab es jeden Abend um 19 Uhr einen zusätzlichen Appell mit erneuten Kontrollen. Punkt 19 Uhr gingen die Lichter aus.

Jeder sollte nicht nur im Block, sondern auch im Bett sein. Es herrschte absolute Ausgangssperre.

Ein Appell konnte sechs bis sieben Stunden dauern, obwohl eine halbe Stunde mehr als ausreichend gewesen wäre. Auch beim größten Frost hatte man mit der Kopfbedeckung in der Hand regungslos zu stehen und zu warten. Jeder Gefangene trug ein Barett, das heißt eine Art Baskenmütze, die – wie unsere Kleidung – weiß und blau gestreift war. Vor jedem SS-Mitglied musste man mit der Mütze in der linken Hand die Habachtstellung einnehmen.

Für den Appell war eine besonders sadistische Folter für Körper und Seele ersonnen worden, und keiner der Gefangenen war davon ausgenommen: Bei Rückkehr von der Arbeit wurden die Kommandos, wie morgens beim Aufbruch, wieder von Marschmusik begleitet. Jedes Kommando ging zu seinem Block und die Männer warteten in Zehnergruppen auf den Appell. Waren die letzten Gefangenen ins Lager zurückgekehrt und die Musik abgeklungen, nahm die SS die Blockbücher der Baracken in Empfang. Darin stand die Anzahl der aktuellen Blockinsassen. Wenn der SS-Mann das Buch in die Hand nahm, ertönte der Befehl „Hut ab, stillgestanden!"

Das Wetter hatte keinen Einfluss auf dieses Programm: Bei Sonne oder Regen hatten wir mit unbedecktem Kopf stillzustehen, bis der Lagerkommandant uns erlaubte, die Barette wieder aufzusetzen und uns zu rühren. Das geschah aber nur dann, wenn die Zahl der Gefangenen stimmte und niemand dem Appell ferngeblieben war. War dem aber nicht so, begann ein wahres Martyrium. Draußen in der Kälte und im Regen, in triefend nasser Kleidung, mussten wir in Habachtstellung ausharren, was stundenlang dauern konnte. So lange, bis der Gesuchte gefunden war. Wenn nicht, mussten wir weiterhin in Kälte und Regen durchhalten, bis feststand, wer geflüchtet und wie ihm die Flucht gelungen war und welche Richtung er vermutlich eingeschlagen hatte.

Gab es keinerlei Erkenntnisse, wurden wir am nächsten Morgen eine Stunde früher als üblich geweckt. Dann fand ein doppelter Appell statt. Diese Prozedur wiederholte sich drei Tage lang, bis feststand, dass sich der oder die Flüchtigen nicht irgendwo im Lager versteckt hatten. Speziell im Stammlager Auschwitz war jeder Ausbruchversuch wegen des dichten und komplexen Bewachungssystems von vornherein zum Scheitern verurteilt. Es war nicht daran zu denken. Alle 50 m stand ein Wachsoldat auf einem Turm, der etwa 15 m hoch war und alle anderen Lagergebäude überragte. Diese Wachtürme waren in parallelen Reihen angeordnet. Erst nach dem Ende des Appells verließen die Wächter nachts ihren Posten.

Wenn ein Gefangener fehlte, blieben die Wachen drei Tage und Nächte auf ihren Türmen. Wurde er nicht gefunden, begann eine systematische Suche im gesamten Bereich zwischen der ersten und der zweiten Wachturmreihe. Blieben diese Ermittlungen ergebnislos, wurden durch Sirenen alle Wachposten informiert, die sich bis zu 40 km entfernt vom Stammlager befanden. Diese stellten Patrouillen zusammen, durchsuchten alle umliegenden Häuser und befragten die Bewohner.

Trotz dieser nahezu unüberwindbaren Hindernisse und der tödlichen Gefahr, haben viele Menschen versucht zu entkommen. Den meisten erging es schlimm. Diejenigen, die aufgegriffen wurden, erlitten alle das gleiche Schicksal: Sie wurden zur Abschreckung der übrigen Gefangenen öffentlich gehängt.

In einem Radius von drei bis fünf Kilometern um das Stammlager herum, dort, wo die Gefangenen zu externen Arbeiten geschickt wurden, gab es zwei aufeinanderfolgende Reihen von Wachposten. Die ständigen Patrouillen in 40 km Entfernung rundeten die Sicherheitsmaßnahmen ab und machten jeden Fluchtversuch praktisch unmöglich.

Die Kleidung der Gefangenen bestand aus einer Hose, die entweder zu kurz oder zu lang war, einer Jacke mit zu kurzen Ärmeln, einem Paar Holzpantinen und einer Kopfbedeckung. Darunter trug man ein völlig verlaustes Unterhemd und eine schmutzige Unterhose, deren bloßer Anblick – trotz der Beteuerung, sie wäre gerade aus der Wäscherei gekommen – eine Zumutung war. Alle Kleidungsstücke waren blau-weiß gestreift. Es gab zweierlei Sorten: Die dünne Sommerbekleidung war aus Halbleinen und löste sich beim ersten Regenschauer auf wie Papier, die Winterbekleidung war aus Zellwolle und hielt kaum länger. Die Holzschuhe waren ein Folterinstrument, denn sie drückten und verursachten Wunden. Und zwar in solch einem Maß, dass wir es vorzogen, sie in den Händen zu halten und barfuß zu laufen. Socken waren ein unbekannter Luxus ...

Jeder Gefangene, der nach Auschwitz kam, erhielt zuallererst eine laufende Nummer. Als unser Transport dort ankam, waren bereits 109 000 vor uns da gewesen. Die Nummer wurde so in den linken Unterarm eintätowiert, dass sie nie mehr zu entfernen war. Diese Nummer wurde dann auch auf ein kleines, weißes Stück Stoff geschrieben. Das wurde auf die Jacke genäht, genau über dem Herzen. Ein zweites Stück Stoff wurde auf dem rechten Hosenbein unterhalb der Hosentasche angebracht.

Farbige Stoffdreiecke gaben Auskunft über den Einweisungsgrund. Denn es gab verschiedene und sie wurden durch Farben und Buchstaben dokumentiert.

Fangen wir bei den politischen Häftlingen an. Ihnen wurden zumeist Sabotageaktionen gegen die Nazis vorgeworfen. Man erkannte sie am roten Dreieck.

Eine andere Gruppe waren die Kriminellen, sie trugen grüne Winkel. Sie hatten ihre Strafe in Lagern und Zuchthäusern bereits verbüßt, wurden aber nicht für würdig erachtet, als normale soziale Wesen in die Freiheit entlassen zu werden.

Homosexuelle, die sogenannten 175er (nach dem sie verurteilenden Paragraphen des Strafgesetzbuches), trugen ein rosa Dreieck. Eine andere Gruppe waren die Asozialen und Arbeitsverweigerer, die ein schwarzes Dreieck an der Kleidung hatten. „Nichtarische" Häftlinge, die Beziehungen zu deutschen, also arischen Frauen unterhalten hatten, waren als „Rasseschänder" gekennzeichnet. Nichtdeutsche Gefangene trugen als spezielle Markierung den Anfangsbuchstaben ihres Herkunftslandes, so trugen Polen ein „P". Ein Gefangener konnte mehr als sechs Markierungen gleichzeitig tragen.

Braune Dreiecke trugen die sogenannten Zigeuner, die in großer Zahl aus Deutschland, Polen, der Tschechoslowakei und Ungarn in verschiedene deutsche Lager gebracht worden waren. Die meisten von ihnen sind jedoch in ganzen Großfamilien nach Auschwitz deportiert worden.

Die Juden waren eine Klasse für sich. Sie waren interniert, obwohl sie nichts begangen hatten. Zusätzlich zum Winkel, der ihr spezielles „Vergehen" bezeichnete, trugen sie in ein und derselben Häftlingsmarkierung zusätzlich ein gelbes Dreieck, das, im Gegensatz zu allen anderen

Winkeln, mit der Spitze nach oben zeigte. So wurde der Schild Davids (Magen David) gebildet, das Symbol des Judentums.

Schließlich gab es die sogenannten Bibelforscher, die späteren Zeugen Jehovas. Sie trugen ein lila Dreieck und wurden von den Deutschen brutal verfolgt.

Wehe dem Gefangenen, dessen Dreieckszahl oder -farbe verblichen war! Selbst wenn sich nur die Nähte des Dreiecks gelöst hatten, folgte die harte Anklage prompt: Entweder hieß der Vorwurf, der Gefangene würde seine Kleidung nicht pflegen oder gar, er hätte versucht zu fliehen.

Es herrschte unerbittliche Disziplin. Die SS und ihre Befehlsempfänger, die Blockältesten, schlugen die Insassen beim geringsten Anlass: Wenn man nicht schnell genug aus dem Bett aufstand, wenn die Decke Falten warf, wenn die Häftlingsnummer nicht korrekt an der Kleidung angenäht war, wenn, wenn, wenn ... Es gab immer einen Grund für Prügel. Und es war fast unmöglich, keinen Fehler zu begehen. Bei diesen Strafen spielte auch der individuelle Charakter der Blockältesten und Kapos eine Rolle. Es gab solche, die „Vergehen" verschwiegen oder darüber hinwegsahen. Aber in meiner Erinnerung kam es sehr selten vor, dass sich ein Blockältester oder Kapo nicht daran erfreute, wenn ein Gefangener geschlagen wurde, vor allem, wenn er selbst diese „gottgefällige" Arbeit übernahm. Seltsamerweise waren viele der Blockältesten und Kapos Menschen, die in ihrem früheren Leben gute und brave Bürger gewesen waren und dann im Lager ihre alte Identität verloren haben. Der Umgang mit den anderen Blockältesten und Kapos musste förmlich dazu führen, tief verschüttete, primitive Instinkte zu wecken, die zum Quälen, Foltern und Töten der Mitgefangenen anregten. Es gab Menschen in Auschwitz, die mehr als 5 000 Gefangene eigenhändig ermordet haben.

Als ich ins Lager kam, war SS-Führer Hans Aumeier der Schutzhaftlagerführer. Ab August 1943 übernahm Franz Hößler das Männer- und das Frauenlager in dieser Funktion. Beide haben die grausame Tötung tausender Menschen zu verantworten. Lagerkommandant und später Standortältester des KZ Auschwitz war Rudolf Höß. Rapportführer waren Oswald Kaduk, Friedrich Stiewitz und Wilhelm Claussen. Sie hatten oft mehr Macht als die Lagerkommandanten selbst. Vom militärischen Dienstgrad her nur Unteroffiziere, waren sie jedoch die wirklichen Despoten des Lagers.

Später werde ich auf sie zurückkommen und ein Psychogramm von ihnen skizzieren.

Auschwitz war, wie schon erwähnt, kein einzelnes Lager.

Neben dem Stammlager, in dem das Verwaltungszentrum untergebracht war, gab es noch das zweitgrößte und zweitwichtigste Lager Birkenau. Die kleinen bis mittelgroßen Nebenlager lagen bis zu 100 km vom Stammlager entfernt.

Im Stammlager Auschwitz gab es fünf Lagertypen:
1) Männerlager,
2) Frauenlager,
3) die sogenannten Zigeuner- oder Zigeunerfamilienlager,
4) Familienlager der Israeliten,
5) Lager „Z" der Israeliten ohne Häftlingsnummern.

Als ich nach Auschwitz kam, gab es im Stammlager (zusammen mit den verschiedenen Nebenlagern) mehr als 150 000 Gefangene. Was die weiblichen Häftlinge angeht, um die ich mich immer wieder nach Kräften kümmerte, basieren meine Beschreibungen auf den Erzählungen der Betroffenen selbst oder es sind Ereignisse, die sich vor meinen Augen abgespielt haben. Es handelt sich also um tatsächliche, auf jeden Fall verbürgte Zeugnisse und um persönliche Erfahrungen. Die Beschreibung meines Lebens zeichnet auch das Leben der anderen Gefangenen nach.

In Auschwitz gab es vier Frauenlager. Im Stammlager befanden sich achtundzwanzig Blöcke, neunzehn davon waren Häftlingsunterkünfte. Die restlichen erfüllten unterschiedliche Zwecke. Die Baracken mit den Nummern 9, 19, 20, 21 und 28 dienten als Krankenbauten für die Häftlinge: Block 9 kam der Rekonvaleszenz zugute, Baracke 19 war Operations- und Infektionsblock, in Block 21 war die Versuchsstation mit angeschlossenem Operationsaal untergebracht und Block 28 beherbergte zudem die Ambulanz für die akut erkrankten Gefangenen.

Block 10 diente andrologischen und gynäkologischen Versuchen deutscher Ärzte an Häftlingen. Den Deutschen ging es darum, geeignete Methoden zur Massensterilisierung zu finden. Es schien mir angebracht, diesen Experimenten ein ganzes Kapitel an späterer Stelle zu widmen. Andere Blöcke, insbesondere Block 11, dienten anderen Zwecken. Dieser Block, der sogenannte Bunker, war der Albtraum aller Gefangenen. Schon sein Name verbreitete Angst und Schrecken: Es war der Block der Todgeweihten, denn nur selten verließ ihn jemand lebend wieder.

Block 26 diente als Archiv. Dort wurden alle Dokumente und der Schmuck der christlichen Gefangenen aufbewahrt. Bei ihrer Entlassung in die Freiheit sollten sie ihn zurückbekommen. Block 27 war die Kleiderkammer. Dort gab es eine reiche Sammlung an Hemden, Anzügen, Schuhen, Socken, und eine Auswahl an teurer und erlesener Kleidung. Sie wurde in Bündeln von 20, 50 oder 100 Stück nach Deutschland geschickt, damit sich das deutsche Volk damit einkleiden konnte. All diese Kleidungsstücke stammten von der jüdischen Bevölkerung der Länder, die von den Nazis unterjocht wurden.

Im Stammlager gab es mehr als 150 Arbeitskommandos, die dem Befehl der SS unterstanden. Jedes Kommando war für eine andere Aufgabe verantwortlich. Es gab zwei große militärische Industriekomplexe, die Union-Werke und die Deutschen Ausrüstungswerke (DAW). Hergestellt wurden Sprengstoff, Munition, Munitionskisten und diverse Holzprodukte. Die übrigen Kommandos stellten Alltagsprodukte für die Gefangenen her.

Sämtliche Gefangenen wurden rund um die Uhr beschäftigt. Die täglichen Appelle der Blöcke und der Arbeitskommandos hatten das Ziel, die Anwesenheit aller am jeweiligen Arbeitsplatz festzustellen. Fehlte jemand, wurde dem Kapo die Armbinde – sein Rangabzeichen – abgenommen und er musste den Weg in die Strafkommandos nach Birkenau antreten.

Die Krematorien

Bau und Betrieb

Zwecks zügiger Vernichtung der Israeliten und aller anderen Neuankömmlinge in Auschwitz griff man auf die Krematorien zurück, um die Leichen der Gefangenen zu verbrennen. In diesen Bauten fanden auch Massentötungen durch Gas statt. Eins der verwendeten Giftgase war Zyklon-B. Es wurde besonders häufig eingesetzt, weil es sich schneller als andere Gifte in der Luft verbreitete und somit effektivere Ergebnisse brachte. Innerhalb von wenigen Minuten beseitigte es jede Spur von Leben. Als ich im Stammlager ankam, gab es dort nur ein Krematorium. Es wurde nur in Ausnahmefällen genutzt, wenn die eigentlichen, dreigeschossigen Krematorien in Birkenau für die Einäscherung nicht ausreichten. In deren Keller lagen jeweils zwei große Räume, die durch eine Eisentür voneinander getrennt waren. Im ersten Raum stand, auch bei einem flüchtigen Blick gut sichtbar, ein Schrank voller Seifen. Im Nebenraum gab es etwa 150 Duschen, pro Laufmeter eine. Das war die berüchtigte Gaskammer. Niemand kam dort lebend heraus. Zumindest habe ich nie gehört, dass jemand wie durch ein Wunder gerettet worden sei. Am hinteren Ende des Raumes gab es eine Schiebetür, die zum Aufzug in die oberen Etagen führte.

    Dort standen die Öfen. Sie unterschieden sich überhaupt nicht von ganz gewöhnlichen Exemplaren. Sie hatten zwar keine besonders große Öffnung, besaßen jedoch eine erhebliche Tiefe, so dass eine große Menge Asche darin Platz fand. Beheizt wurden sie elektrisch oder mit Kohle.

In jeder Gaskammer konnten innerhalb von zehn Minuten 1 500 Menschen getötet werden, während die Öfen innerhalb von zwei Stunden rund 100 Leichen einäschern konnten. Eisenbahngleise, auf denen mit Leichen gefüllte Loren rollten, führten bis direkt vor die Öfen. Der Gefangene, der sogenannte Heizer, zog die Leichen mit einem Einreißhaken heraus, den er ihnen in die Lenden stieß. Dann wurde der Leichnam auf eine Art Rost gehievt, der direkt bis zur Ofenmündung ging. Das Krematoriumskommando bestand aus mehr als 500 Häftlingen. Es wurde gewaltsam rekrutiert – normalerweise aus den neuangekommenen Transporten, noch bevor die Deportierten das Lager betraten. Die Arbeit in den Krematorien war hart, da die Leichen aus den Gaskammern so schnell wie möglich verbrannt werden mussten. Das Krematoriumskommando hieß unter den Gefangenen „Sonderkommando".

Diejenigen, die in den Krematorien arbeiteten, hatten keinen Kontakt zu den anderen Gefangenen. Im Bereich der Gaskammern und Krematorien blühte der Schwarzmarkt mit Gold. Das Edelmetall stammte von Deportierten, denen es gelungen war, ihren Schmuck bis zum letzten Moment zu behalten.

Wenn das Sonderkommando die Leichen zu den Öfen transportierte, sammelten seine Mitglieder alles ein, was die Vergasten noch in ihren geschlossenen Handflächen hielten: Schmuck, Uhren, Ketten und Ähnliches. All das versteckten sie vor der SS, trotz des strikten Befehls, alle Wertsachen abzugeben. Anschließend wurden die persönlichen Gegenstände weggebracht oder im Hof der Krematorien versteckt. Nach dem, was mir Mitglieder dieses Sonderkommandos erzählt haben, musste in Erdverstecken oder unter der Asche der Verbrannten ein unvorstellbar großer Schatz liegen. Alles, was bei der SS abgegeben wurde, gelangte nach Deutschland.

Die Kapazität eines Krematoriums lag bei normalem Betrieb bei etwa 2 000 Leichen am Tag. Aber die „Gesamtproduktion" konnte 10 000 Leichen pro Tag übersteigen. Die zusätzlichen Verbrennungsgruben und die Krematorien konnten zusammen täglich 20 000 bis 25 000 Tote bewältigen. Wenn der Wind den Rauch in Richtung unseres Lagers wehte, war der Geruch von verbranntem Menschenfleisch besonders intensiv.

Im Zuge der Massentransporte im Frühjahr und Sommer 1944 erreichten die Krematorien bei der Leichenverbrennung der ungarischen, französischen und belgischen Israeliten Spitzenwerte. Und da die Krematorien voll ausgelastet waren, wurden – um diese nie dagewesene Menge an abertausenden Vergasten zu bewältigen – riesige Gruben neben den Krematorien ausgehoben. Dort verbrannte man die „überzähligen" Leichen.

Schließlich stieg die Zahl der Eingeäscherten auf 25 000 täglich. Das dauerte bis Ende Sommer 1944 an. Danach ebnete man die Gruben wieder ein. Dennoch sank die Zahl der Verbrannten nie unter die Marke von 5 000 pro Tag. In den Krematorien von Auschwitz verschwanden auf diese Weise mehr als 1 500 000 Menschen.

Krematoriumsleiter in Birkenau war SS-Unteroffizier Otto Moll, dem alle SS-Angehörigen, die in diesem Lagerbereich tätig waren, unterstellt waren.

Im Nachhinein frage ich mich: Hätte er nicht, wenn er gewollt hätte, im letzten Moment Menschenleben retten können? Aber die Nazis waren Befehlen absolut hörig.

Die Arbeit der Sonderkommandos in den Krematorien zu beschreiben, ist nicht einfach, weil oftmals nur ihre Angehörigen erzählen konnten, durch welche Hölle sie gegangen sind. Man muss sich allerdings fragen: Woran würden sie sich tatsächlich erinnern, wenn sie überlebt hätten und diesen unvorstellbaren Umständen entkommen wären?

Ein Beschreibungsversuch

Stellen Sie sich vor, Sie könnten – wie ein unsichtbarer Zuschauer – aus der Nähe miterleben, wie die kaltblütige, systematische Vernichtung vieler tausender Unschuldiger, denen nichts vorzuwerfen war, durchgeführt wurde: Ein neuer Transport kam an, gerade waren die Menschen aus den Waggons gestiegen. Sie stellten sich in einer Reihe auf, bevor ihr tragischer Schicksalsmarsch begann. Drohungen und brutale Schläge trieben die Neuankömmlinge an, sich so schnell wie möglich einzureihen.

Die Aufstellung erfolgte nach Alter. Männer und Frauen zwischen 18 und 40 wurden aus der Menge geholt. Es formierte sich eine Kolonne mit kinderlosen Frauen, die noch bei Kräften waren, und eine andere mit Männern. Alle anderen, also Mütter mit Kleinkindern, alte Frauen und Männer, Schwache und Kranke wurden willkürlich an die Spitze der Kolonne gestellt. Niemand begriff, warum die Gliederung so erfolgte. Die meisten glaubten, dass sie ihre Lieben später im Lager wiedertreffen würden. Das war der Eindruck, der durch die Platzierung von Alten und Müttern mit Kleinkindern an der Spitze der

Kolonne erweckt wurde. Doch dann wurden alle, die vorne standen, auf Lastwagen geladen und weggebracht. Das alles ging jedoch so schnell, dass keine Zeit zum Nachdenken blieb. Unser Realitätsbewusstsein war wie weggeblasen, als wäre in unmittelbarer Nähe eine Bombe hochgegangen, die uns jedes Urteilsvermögen raubte. Die Gewissheit, die Abtransportierten wiederzusehen, war so groß, dass diese Trennungen ohne Protest akzeptiert wurden.

Später sollte sich herausstellen, dass nicht unbedingt alle aus der Gruppe der über 40-Jährigen oder der unter 18-Jährigen todgeweiht waren. Trotzdem hat mein Vater – aus einer Vorahnung heraus – angegeben, dass ich über 18 sei. Sonst wäre ich an die Spitze der Kolonne selektiert worden und bestimmt umgekommen.

Ebenso wenig stand fest, dass alle Mütter mit kleinen Kindern von vornherein ins Verderben liefen. Viele Ältere haben überlebt und viele Mütter kehrten, wenn auch unter Verlust ihrer Kinder, ins Lager zurück. Es geschah immer wieder, dass ältere Menschen der Aufmerksamkeit der SS entgingen, sich unter die Gesunden und Kräftigen mischten und so überlebten. Manchmal jedoch wurden sie gleich bei der Ankunft getötet.

Wer auf den Lastwagen Platz nahm, wurde direkt zu den Gaskammern gefahren. Bei jedem Transport wurden nur circa zehn Prozent der Neuankömmlinge als gesund und kräftig eingestuft, alle anderen fielen den Krematorien zum Opfer.

Dort mussten sich unter Aufsicht der SS und des Krematoriumskommandos alle dorthin Transportierten beiderlei Geschlechts nackt ausziehen. SS-Unteroffizier Steinberg sorgte dafür, dass ihnen nicht einmal ein Fitzelchen

Stoff blieb, um ihre Blöße zu bedecken. Das Verbot war rigide und ich werde gleich den Grund erklären.

Stellen Sie sich den Anblick der nackten Männer und Frauen unter der Knute der Nazis vor. In Anbetracht dieser unerwarteten Demütigung hatte niemand die Kraft zu fragen: Was passiert jetzt? Duschen? Das Stückchen Seife, das ausgegeben wurde, erweckte der Eindruck, dass eine körperliche Reinigung bevorstand.

Nur die Angehörigen des Sonderkommandos durften sich frei bewegen, um die neu Eingetroffenen zu überwachen und zur Eile zu treiben. Natürlich hätten diese manchmal die Gelegenheit nutzen können, den Neuankömmlingen zuzuflüstern, was sie im Nebenraum erwartete. Wäre das einem SS-Mann aufgefallen, hätte man den Flüsterer sofort erschossen.

Im Nebenraum befanden sich die angeblichen Duschbäder. Dort wurden bis zu 1 500 Personen auf einmal zusammengepfercht. Sie stellten sich unter die Duschköpfe und warteten auf das versprochene Wasser. Zwischen dem Schließen der schweren Stahltüren und dem Tod der Gefangenen verstrich nur ganz kurze Zeit. Für die Mitglieder des Sonderkommandos, die draußen warteten, war es eine Ewigkeit.

Das Gas befand sich in Behältern, die in die Decke eingelassen waren. Waren die Türen verschlossen, gingen die Deckel der Behälter auf und heraus fiel blaues Granulat, das in Kombination mit Sauerstoff das besagte Zyklon-B bildete. Die Türen hatten ein Beobachtungsfenster. Nach zehn Minuten und kurzer Sichtkontrolle öffneten SS-Männer in Gasmasken die Eisentüren und setzten das Gebläse in Bewegung, um das Gas zu verteilen. Danach kam das Sonderkommando zum Einsatz, das jede halbe

Stunde ausgewechselt wurde. Die Arbeitsteilung funktionierte so: Vier Gefangene lösten die Toten voneinander, die sich im Todeskampf aneinander gekrallt hatten, und übergaben die Leichen zwei anderen, die die Leichen in die Aufzüge beförderten.

Waren fünfzig Körper zusammen, fuhren die Aufzüge nach oben, wo zwei weitere Gefangene warteten. Ihre Aufgabe bestand darin, die Toten aus den Aufzügen in die davorstehende Lore zu hieven. Nun wurde die Lore vor die Ofentür geschubst, und der „Heizer" warf die Leichen in den Ofen, wo sie sofort Feuer fingen.

Diese Vernichtungsart war nur eine von vielen, die von den Nazis benutzt wurde. Denn, wenn es zu wenige Todgeweihte gab, wurden sie nicht mit Gas getötet. Sie wurden nackt in den ersten Raum geführt und mussten sich in einer Reihe aufstellen. Jemand aus dem Sonderkommando nahm dann einen nach dem anderen am Ohr und brachte ihn durch eine Tür in den nächsten Raum. Hinter der Tür stand ein SS-Mann, der dem Gefangenen in die Schläfe schoss. Die Pistole war dabei vollkommen lautlos. Zwei Gefangene trugen dann die Leiche zum Aufzug. Waren es nur einzelne Personen, wurde weder mit Gas noch durch die Pistole getötet. Sie wurden lebend ins Feuer der Verbrennungsgruben geworfen. Viele Israeliten starben einen solch grausamen Tod, unter ihnen, wie ich erfahren habe, auch der Sohn des Bankiers Rothschild. Diese spezielle Form von Grausamkeit kam allerdings nur selten vor.

In den Sonderkommandos gab es viele griechische Israeliten, von denen einige überlebt haben und die so ihre Geschichte erzählen konnten. Der Grund für die Auswahl der Griechen für das Sonderkommando lag auf der Hand: Viele von ihnen, die aus Thessaloniki oder Korfu stammten, hatten als Lastenträger und Tagelöhner im Hafen gearbeitet. Sie waren stark und in der Lage, schwere Lasten zu heben, was für den Transport der Leichen vonnöten war.

Das Männerlager

Mein persönliches Schicksal zwischen März 1943 und Januar 1945

Das Leben der Gefangenen

Ich kam am 20. März 1943 im Konzentrationslager Auschwitz an. Meine persönlichen Erlebnisse stehen stellvertretend für den Alltag aller Gefangenen, die durch die Hölle von Auschwitz gegangen sind. Tatsächlich traf dies nicht pauschal zu, denn es gab Gefangene, die dort ein besseres Leben führten als vorher. Manche wussten nicht einmal, wozu Bettzeug diente, bevor sie mit der SS kollaborierten. Während sich diese Privilegierten das Leben in gewisser Weise angenehm machten, litten die anderen unter dem Naziterror. Dies galt auch für die Kapos, die Anführer der Arbeitskommandos. Sie besaßen die Macht über die Lagerinsassen. Doch sie alle fanden nach der Befreiung ihre gerechte Strafe: Sie wurden gelyncht oder lebendig verbrannt.

Weiter oben habe ich die Szene der Ankunft im Lager beschrieben, die Gliederung, die Selektion und das grausame Wegtreiben unserer Lieben, von denen wir viele nie wieder zu Gesicht bekommen sollten. Wenn wir damals auch nur die leiseste Ahnung gehabt hätten, was uns erwartete, wäre unser Verhalten bestimmt anders gewesen. Während ich meine Erinnerungen nächtelang und mit vom elektrischen Licht müden Augen niederschrieb, schloss ich des Öfteren die Lider und fragte mich: Bist DU es wirklich, der in den Lagern von Auschwitz und

Mauthausen war? Ist es DIR tatsächlich gelungen, so viele andere zu überleben und wieder in die Heimat zurückzufinden? Ist es Trug oder Wahrheit? Traum oder Wirklichkeit?

Immer wieder übermannte mich der Zweifel: War ich wirklich frei? Oder befand ich mich immer noch in diesen albtraumhaften Lagern? War ich befreit von den Befehlen irgendeines SS-Schergen, der bestimmte, was ich zu tun hatte?

Bei unserer Ankunft am Bahnhof war es fast Mitternacht. Alles war ruhig, aber hell erleuchtet. Nach über einer Stunde Wartezeit begann unser Marsch in Fünferreihen. Mein Vater war bei mir.

Es war so sonderbar. Neben uns liefen alle fünf Meter Wachen. Die Strecke war nicht lang, und bald waren erste Lichter zu sehen. Meine Mutter und meine Schwester wurden in ein anderes Lager gebracht. Erst Monate später sollte ich erfahren, dass beide am Leben und wohlauf waren. Bald tauchten in regelmäßigen Abständen etwa gleichgroße Gebäude mit hellen oder auch völlig abgedunkelten Fenstern vor uns auf.

Als wir das Tor durchschritten, zählte die SS-Wache die Fünferreihen ab und führte uns hinter die Gebäude zu einer großen Baracke, aus der Dampf emporzusteigen schien. Wir dachten: Das müssen die Bäder sein. Schmutzig, wie wir waren, wäre ein Bad sehr angebracht gewesen. Natürlich hätten wir auch gern die Wäsche gewechselt. Aber oje! Wir hatten keine Vorstellung davon, welche Art von Bad wir nehmen und welche Kleidung wir tragen sollten. Hätten wir es erraten, wären wir sicher verrückt geworden: Die Sträflingskleidung sollten wir nämlich zwei lange Jahre anhaben! Die ganze

Nacht ließ man uns vor der Baracke im Stehen warten. Wir standen dicht beieinander, um uns zu wärmen.

Sobald es dämmerte, wurden wir ins Bad geführt. Wir wurden gezwungen, uns auszuziehen und das Bündel Kleider auf einen Stapel zu werfen. Davor mussten wir an drei Sträflingen vorbei, die eine seltsame Uniform trugen. Vor ihnen lagen drei Säcke. Dort sollten folgende Dinge hinein: in den ersten Sack Schmuck und Goldmünzen, in den zweiten Zigaretten und Streichhölzer und in den dritten alle unsere Papiere, Ausweise, Zertifikate und andere Dokumente.

Als diese Prozedur vorbei war, gingen wir im Adamskostüm zum Haareschneiden. Mit der Maschine wurden das Haupthaar und auch die Körperbehaarung entfernt, sodass unsere Haut vollkommen glatt rasiert war. Gleichzeitig hörten die Schläge der Aufsicht keinen Moment lang auf. Nach dem Haareschneiden wurde gebadet und wir lernten zum ersten Mal die Brutalität der SS kennen. Denn das Wasser, das aus den Brausen über unseren Köpfen herausfloss, war unerträglich kalt.

Die SS zwang uns unter Stockhieben, bewegungslos in unserer Position zu verharren. Dann ließen sie – aus purem Sadismus – kochend heißes Wasser durch die Brausen fließen. Unsere Rücken, Köpfe und Beine waren sofort übersät mit Verbrennungen. Sie lachten über unsere Schreie – ja, sie übertönten uns sogar mit ihrem Gelächter. Rachegelüste stiegen in uns hoch, die niemand von uns jemals stillen konnte, denn die meisten von uns sollten nicht überleben.

Nach dem „Bad" stellten wir uns in einer Reihe auf. Jeder erhielt eine Unterhose und ein Unterhemd. Diese Kleidung muss kurz beschrieben werden: Manche Unterhemden hatten keine Ärmel, bei anderen klaffte am Rücken ein großes Loch. Sie waren zuweilen zu eng und zu kurz – ja, oft so kurz, dass manche es vorgezogen hätten, gar kein Unterhemd zu tragen.

Kaum waren wir angezogen, mussten wir wieder in die eisige Kälte hinaus. Die restliche Kleidung sollten wir im Quarantäneblock bekommen, wohin man uns nach längerer Wartezeit brachte. Das erste, was wir dort erblickten, war ein fetter Kapo, der uns am Eingang mit einem Knüppel erwartete. Noch bevor er uns zeigte, wo wir die Nacht verbringen sollten, brach er den Knüppel auf dem Rücken eines Unglücklichen und orderte umgehend einen neuen. Uns begann zu dämmern, dass auf längere Sicht keiner von uns entkommen würde. Trotzdem hatten wir die Hoffnung, dass sich etwas ändern könnte.

Am selben Tag verteilte man uns die restliche Kleidung. Es waren dünne Hosen und Jacken aus Zellulose. Dann führte man uns in die Politische Abteilung. Dort wurden unsere Daten aufgenommen und dort sollten wir auch unsere Registrierungsnummer eingeritzt bekommen. Die ganze Prozedur erfolgte in absoluter Ordnung. Die Nummern wurden mithilfe von Nähnadel und Tusche in die Haut gestochen, dabei fühlte man nur ein Piksen. Wir waren mitten in der Nacht in Auschwitz angekommen und dachten, dass wir nun, nach der sechstägigen Reise, endlich wieder in einem Bett schlafen könnten. Doch plötzlich gab es aus heiterem Himmel einen Appell. Wir mussten aus den Betten raus und uns mitten im Raum in Fünferreihen aufstellen.

„Was ist denn passiert?", fragten wir uns. Eine neue Schikane des fetten Kapo?

Ein grausames Beispiel dafür, was mich in Auschwitz erwarten sollte, war die Prügelstrafe eines griechischen Gefangenen namens Chalvatzis. Diese Tortur brachte ihn bis zur Bewusstlosigkeit und so war er der Erste, den wir daraufhin ins Krematorium wandern sahen.

Was war geschehen? Chalvatzis fehlte in seiner Fünferreihe. Das ganze Lager geriet in Aufruhr, und die Ordnungshüter drehten auf der Suche nach ihm jeden Stein um. Schließlich wurde er, von der mehrtägigen Reise erschöpft, schlafend aufgefunden: Er hatte den Appell überhört. Er war der erste Todgeweihte, den wir zu sehen bekamen.

Im Quarantäneblock mussten wir drei Wochen bleiben, wobei das Essen zu Beginn noch ganz erträglich war. Anfangs fragten wir uns immer wieder: Was ist das für ein Lager? Würden wir unsere Lieben wiedersehen, von denen wir ohne Abschiedsgruß getrennt worden waren? Wir hörten, dass sie getötet worden seien, dass es Krematorien gebe, in denen Leichen verbrannt würden. Davon wollten wir aber kein Wort glauben, wir hielten diese Erzählungen für Gerüchte, die uns lediglich zermürben sollten. Doch alles, was wir hörten, war schließlich nur allzu wahr!

Die Transporte aus Griechenland folgten rasch aufeinander: Jeden dritten Tag und später jede Woche hörten wir, dass neue Deportierte angekommen waren. Soundso viele seien verbrannt, hieß es, soundso viele ins Lager gebracht worden.

Eines Tages wurden wir aus dem Quarantäneblock abkommandiert und diversen Abteilungen zugeordnet. Mein Vater und ich wurden in die Näherei geschickt, um dort als Schneider zu arbeiten. So habe ich ein Handwerk erlernt, das mir bis dahin kein Begriff war. Zumindest an Kleidung fehlte es uns dort nicht. Trotz der Flicken sahen wir darin etwas menschenwürdiger aus.

Abgesehen von den Nahrungsmitteln, die wir aus der Küche bekamen, musste man sich alles Weitere „organisieren". Genauer gesagt musste man sich mit Diebstahl weiterhelfen. Er bestimmte unseren ganzen Alltag. Wie funktionierte das?

In Auschwitz gab es das Kanada-Kommando. Seine Aufgabe war es, das mitgebrachte Gepäck zu registrieren: Gold und Schmuck, Lebensmittel und Kleidung. Viele, die in diesem Arbeitskommando arbeiteten, stahlen Gold, Kleidung und alles, was ihnen sonst noch in die Hände fiel. Sie brachten das Diebesgut ins Lager und verkauften es an externe Zivilisten, die im Lager arbeiteten. Diese Zivilisten nahmen die Ware mit nach Hause und brachten im Gegenzug Lebensmittel oder Zigaretten ins Lager, nach denen sich die Gefangenen verzehrten. Es entstand ein Tauschgeschäft zwischen den Zivilisten, die überzeugte Nazis waren, und den Gefangenen, die – in dem Glauben, bald wieder in Freiheit zu sein – Gold horteten.

Andere tauschten Lebensmittel. Auf diese Weise entstand ein reger Handel auf der Grundlage von Gold. Aber nur derjenige, der Zigaretten besaß, hungerte nie. Ein Brot kostete etwa 20 deutsche Zigaretten. Eine große, qualitativ gute Salami um die 80–120 Zigaretten. Ein Pfund Margarine entsprach 80 Zigaretten.

Mit einem Pfund Margarine kam man an ein wunderbares Seidenhemd oder zwei Brote. Nun stellt sich die berechtigte Frage: Woher kam diese Kleidung? Die Sache war einfach. Alle Kleidung, die von Israeliten stammten, waren nach der Desinfektion zur Einkleidung der deutschen Bevölkerung bestimmt. Vieles davon wurde aber ins Lager umgeleitet. Das waren natürlich riskante Aktionen. Wurden Zigaretten, Margarine oder Salami in der Tasche eines Gefangenen aufgefunden, konnte das – mit dem Vorwurf des Fluchtversuchs – sogar ein Todesurteil nach sich ziehen. Blieb er verschont, musste er an seiner Kleidung sowohl vorne als auch hinten einen großen roten Punkt anbringen, als Zeichen dafür, dass er einen Fluchtversuch unternommen hatte. Mit dieser Stigmatisierung musste er im Lager leben. Beim geringsten Anlass gab es Schläge und man fand immer einen Grund, ihn ins Jenseits zu befördern. Das Leben nach einem Fluchtversuch war in der Regel kurz.

Mithilfe des Tauschhandels konnte man – unter Lebensgefahr – für ein Stück Brot alles kaufen oder verkaufen. Die Gefangenen, die in den Arbeitskommandos der Effektenlager Dienst taten, entwendeten dort Dinge, die sie dann im Lager verkauften: Kleidung, Schuhe, Hemden, Unterwäsche. Diese Dinge wurden dann an die Blockältesten und das Küchenpersonal verkauft, die besser als andere gekleidet sein wollten. Die SS verfolgte diesen Handel unerbittlich. Trotzdem war es vielen lieber, sich diesem Risiko auszusetzen, als mit einem Kanten Brot und der täglichen spärlichen Suppenration langsam dahinzusiechen. Meistens schlief ich in Auschwitz hungrig ein, aber ab und zu war ich auch satt. Und ich dankte Gott für jeden weiteren Tag, den er mir schenkte: Wieder war ein Schritt gemacht, der mich dem Ende des Albtraums näher brachte, auch wenn es bis dahin noch sehr lange dauern sollte.

In der Näherei blieb ich, bis das Lager aufgrund des Vormarsches der russischen Truppen evakuiert wurde.

Anfangs stopfte ich Socken, obwohl man das eigentlich nicht so nennen konnte. Dann lernte ich, mit der Hand und mit der Maschine zu nähen.

Über den Verbleib meiner Mutter und meiner Schwester hatte ich schon längere Zeit keine Nachrichten mehr erhalten. Aber ich war mir eigenartigerweise sicher, dass wir eines Tages wieder in Freiheit leben würden. Die Angst regierte unseren Alltag. Es verging kein Moment, an dem uns nicht irgendeine schlimme Nachrichten erreichte. Jeder willkürliche Befehl der SS, dieser oder jener solle sich melden, stellte eine Bedrohung dar. Zog sich der Appell länger hin als sonst, krampfte sich alles in uns zusammen und wir machten uns die düstersten Gedanken. Eine neue Selektion? Fehlte jemand? Rief der Rapportführer alle Namen auf, befürchteten wir gleich das Schlimmste.

Warum waren wir in so großer Angst? Weil kein Tag ohne die Furcht vor der Selektion verging. Aber was bedeutete dieses verstörende Wort? Die Erklärung: Fast jeden Tag kamen neue Gefangene ins Lager, die aus ganz Europa deportiert wurden. Nur zehn Prozent von ihnen wurden als kräftig genug zum Arbeiten eingestuft. Der Rest war für die Krematorien bestimmt. Zehn Prozent der Neuankömmlinge sollten also im Lager bleiben, die Zahl der Gefangenen aber insgesamt nicht mehr als 17 000 übersteigen. Daher fanden einmal im Monat die berüchtigten Selektionen statt, denen jedes Mal mehr als 3 000 bis 4 000 Gefangene zum Opfer fielen. Die Selektion folgte einer einfachen Regel: Wozu Christen oder Russen nehmen, wenn man Israeliten vernichten konnte? Manchmal fand die Selektion an einem Freitag oder Samstag, also am Schabbat statt. An solchen Tagen überkam uns eine lähmende Angst. An solchen Tagen waren wir beim Appell ganz still und warteten sehnlich auf sein Ende. Wenn es länger dauerte, wussten wir, dass bald die Stimme des Lagerkommandanten ertönen würde: „Alle Juden bleiben da, wo sie sind. Stillgestanden! Christen, Russen und Zigeuner, zurück in die Baracken. Die Blockältesten tragen Sorge, dass die Fenster geschlossen bleiben und keiner rausschaut." Diese widerliche Stimme ließ uns erstarren. Auf wen wartete das Feuer in den Krematorien? Wir versuchten zu erraten, was unser Schicksal sein würde. Jeder, der sich für zu mager hielt, fragte seinen Nebenmann, ob das stimmte, da die Schwachen immer die bevorzugten Kandidaten fürs Krematorium waren.

Bald darauf führte man uns hinter die Baracken. Dort gab es eine von hohen Bäumen gesäumte Hauptstraße, die Birkenallee. Könnten diese Bäume reden, was hätten sie nicht alles zu erzählen! Sie waren die stummen Zeugen unseres Martyriums und der Qual der Israeliten, die man auf dieser schmalen Allee versammelte. Was für Gesichter und Augen – und was sich darin nicht alles spiegelte! Resignierte Augen, aber auch solche, die mit schrecklicher Angst erfüllt waren, oder auch Augen, die das Ende dieser schrecklichen Pein herbeisehnten. Wie könnte man je diese bittern, unbeschreiblich finstern Stunden vergessen!

Wenn mir heute diese Selektionen in den Sinn kommen, erschauere ich immer noch bei der schrecklichen Erinnerung daran. Der kalte Schweiß brach mir damals aus, während ich davor zitterte, meinen Namen oder den meines Vaters zu hören!

Am Ende der Allee befand sich das Bad. Nachdem wir uns entkleidet hatten, traten wir dort, die Kleidung unter den Arm geklemmt, einzeln ein. Drinnen stellten wir uns in einer Reihe auf, um vom Leitenden Lagerarzt untersucht zu werden. Er entschied, ob der untersuchte Gefangene zu schwach und daher für das Lagerleben – und das deutsche Volk – nutzlos war. Der als zu schwach Befundene kam zum Rapportführer, der die Nummer und den Namen des Gefangenen notierte. Diese abrupte Entscheidung ließ den Gefangenen meistens völlig verstummen, oder sie verursachte ihm heftigen Durchfall. War das der Fall, begannen die Blockältesten, gnadenlos auf den Gefangenen einzuprügeln, bis er nur noch eine lebende Leiche war. War diese qualvolle Prozedur endlich vorbei, kehrten Selektierte und Nichtselektierte in die Baracken zurück. Die Schwachen bezeichneten wir als „Muselmänner", da sie schicksalsergeben darauf warteten, in die Gaskammern der Krematorien geführt zu werden.

Was für ein schreckliches, geradezu unerträgliches Grauen, darüber nachzudenken, dass man bald nicht mehr existieren würde. Wie entsetzlich, im Bett zu liegen und zu wissen, dass man todgeweiht war. Und dennoch hoffte man: Vielleicht geschieht ein Wunder und ich kann dem Tod entkommen. Einige „Muselmänner" begingen Selbstmord, indem sie sich auf den Hochspannungs-Stacheldrahtzaun stürzten, um ihre Qualen zu verkürzen. Andere fühlten sich jedoch durch eine seltsame Hoffnung innerlich gefestigt, als sei ihnen göttlicher Beistand gespendet worden.

Was würden Sie tun, wenn man Sie in einen Lastwagen in Richtung Krematorium setzte und Sie ganz genau wüssten, dass man Sie vergasen und verbrennen würde? Ihr erster Gedanke wäre wohl: Rebellion. Dazu kam es aber nie.

Dafür gab es zwei Gründe. Zunächst war da ein großes Gottvertrauen, das uns unerklärlicherweise nie verlassen hat. Der zweite Grund war: Beim geringsten Widerstand hätten die Deutschen an Ort und Stelle nicht nur den Aufrührer exekutiert, es hätten sicherlich auch mindestens zwei- bis dreitausend weitere Gefangene ihr Leben verloren. Sie hätten uns in Fünferreihen aufstellen lassen, und jeder dritte oder fünfte wäre selektiert worden.

Ich selbst habe sieben Selektionen überlebt. Bei der letzten war ich sehr schwach und von meiner Angst vollkommen überwältigt. Nur mein Glaube an Gott hat mich gerettet. Auf die oben beschriebene Weise wurden in Auschwitz mehr als zwanzigtausend Israeliten ermordet, und das allein nur im Stammlager. Darüber hinaus waren auch die Frauen von diesen Lebensbedingungen stark mitgenommen.

In den Krankenhäusern verliefen die Selektionen anders. Wenn der Leitende Lagerarzt zur Visite kam, war der Ablauf viel einfacher: Es gab nicht die üblichen Selektionen. Der Arzt nahm die Patientenkarte, die am Krankenbett hing. Er sah, woran der Kranke litt und entschied dann, ob er ins Krematorium geschickt oder noch ein wenig am Leben gelassen wurde.

Auch die Frauen mussten nackt vor den Leitenden Lagerarzt treten, und er untersuchte sie mit derselben Gleichgültigkeit wie die Männer.

Immer wieder kam es vor, dass der Gefangene zwar keine Anzeichen einer Erkrankung aufwies, jedoch der Fehleinschätzung oder der Boshaftigkeit des Lagerarztes zum Opfer fiel. Viele Männer und Frauen wurden auch ohne offensichtlichen Grund ins Krematorium geschickt. Oft genügte eine bloße Handbewegung des Lagerarztes nach links, um den Tod zu bringen, oder nach rechts, um das Leben des Häftlings zu schonen. Protest hat nie gefruchtet, konnte den Tod jedoch beschleunigen oder noch tragischer gestalten.

Ich war vom 20. März 1943 bis zum 18. Januar 1945 in Auschwitz. Leitender Lagerarzt war Dr. Fritz Klein, ein Rumäniendeutscher, der zum Mörder tausender unschuldiger Menschen wurde. Nach dem Krieg wurde er zu lebenslangem Zuchthaus verurteilt.

Nun, da all diese schrecklichen Ereignisse nur noch in meiner Erinnerung leben, frage ich mich ganz nüchtern: Haben sich alle Deutschen dieser Verbrechen schuldig gemacht? Oder nur ihre Anführer? Wer sollte also bestraft werden? Könnte und sollte eine Millionenbevölkerung bestraft werden? Diese Millionen hatten Hitler als Führer akzeptiert und erfüllten seine Befehle gemäß der Losung: „Pflicht geht über alles". Jeder Befehl musste ohne Zögern ausgeführt werden, auch wenn es um den Mord von Abertausenden von Unschuldigen ging. War es ihre Pflicht, Millionen Menschen zu ermorden, nur weil diese als Israeliten geboren worden waren?

Heute frage ich mich: Warum ist es zu keinem Aufstand gegen Hitler gekommen? Nietzsches Ansicht, das deutsche Volk sei eine überlegene arische Rasse, war für die deutsche Seele ein willkommener Leitspruch. Vielleicht erklärt diese psychische Voraussetzung die Übernahme dieser Ansicht und auch die Mitwirkung eines Teils des deutschen Volkes am klug geplanten Völkermord an den europäischen Israeliten.

Das Krankenhaus, Block 10 und die Experimente

Das Krankenhaus in Auschwitz bestand aus fünf großen Gebäuden – und aus dem Block 10. Es war ein Block wie jeder andere, nur, dass dort Experimente an Männern und Frauen durchgeführt wurden. Darauf werde ich später noch zurückkommen.

Die Sauberkeit der Krankenhauseinrichtung war vorbildlich. Die schmutzigen Laken und die widerlichen Bettdecken bildeten allerdings einen Kontrast dazu. Sogar ihre Webtechnik war abstoßend. Der bloße Gedanke, in diesen Laken schlafen zu müssen, rief Ekel und Abscheu hervor. Unsere Betten in den Baracken hatten keine Laken, so dass die schmutzigen Bettdecken nicht besonders auffielen. Die Krankenhauslaken trugen darüber hinaus Spuren von zerdrückten Flöhen und Blut aus Wunden vormaliger Kranker, die nicht mehr zu entfernen waren.

Jedes der fünf Gebäude bildete eine eigene Abteilung: In Block 21 wurden Infektionskrankheiten behandelt, im Block 20 Operationen durchgeführt, Block 28 diente als Ambulatorium, war also Erste Hilfe- und Krankenwagenstation. Alle Blöcke zusammen verfügten über 3 000 Betten, und es gab 500 Krankenpfleger und Ärzte.

Die Krankenhäuser von Auschwitz waren die besten, die ich in Deutschland gesehen habe. In keinem anderen Lager habe ich ein dermaßen sauberes Krankenhaus gesehen, selbst wenn die Reinlichkeit nur oberflächlich war.

Die Fürsorge der Ärzte hingegen war völlig unzureichend. Wurde man krank, durfte man dort keine Krankenhauspflege erwarten. Man musste sich selber helfen. Medikamente gab es zwar reichlich, nur kamen sie nie beim Patienten an. Normalerweise starb man dort an Vitaminmangel oder an einer Vergiftung. Ein Grieche, der einmal mit hohem Fieber und Kopfschmerzen ins Krankenhaus gekommen war, erzählte:

„Kaum war ich dort, musste ich in die Entwesungskammer. Dann musste ich ein Bad in eisigem Wasser nehmen. Ohne mich abtrocknen zu können, wurde ich in ein schmutziges Bett gesteckt, die Laken waren voll mit Eiterflecken und Blutspritzern. Dort war ich zwei Tage meinem Schicksal überlassen. Ein Arzt kam, nahm meine Daten auf und notierte meine Temperatur. Mein Kopf war am Platzen. Anscheinend hatte ich eine Vergiftung. Zehn Tage blieb ich dort. Die einzige Behandlung war: Jeden Morgen bekam ich eine Aspirintablette und musste mittags ein Bad nehmen. Insgesamt gab es also 15 Bäder und ein paar Aspirin." Am Ende wurde er halbtot entlassen und nach einer Selektion ins Krematorium geschickt.

Das war die Behandlung, die einem üblicherweise zuteilwurde. Im Krankenhaus und in Block 10 fanden jedoch auch Experimente statt. Anstelle von Versuchstieren missbrauchte man dafür Menschen. Patienten, die sich in der Rekonvaleszenz befanden, wurden vom Krankenhaus in den Block 10 überführt. Ihnen wurde eine Spritze ins Bein oder in den Arm verabreicht. Auf diesem Weg wurden Keime injiziert und der Körper damit infiziert. Danach versuchte man, sie mit verschiedenen Gegenmitteln zu heilen. Man beobachtete gewissenhaft den Verlauf der Krankheit und versuchte, das wirksamste Medikament herauszufinden. Viele Kranke beiderlei Geschlechts überlebten solche Infektionen nicht. Gleichzeitig wurde nach einem wirksamen Medikament gegen

Krebs oder eruptiven Typhus gesucht. Und die Israeliten waren dafür die Versuchskaninchen. Ein namhafter griechischer Arzt erläuterte mir, die Experimente zum eruptiven Typhus seien durchaus erfolgreich verlaufen und hätten zur richtigen Behandlung geführt, bei Krebs sei man allerdings weniger effektiv vorangekommen.

Obwohl es geheim gehalten wurde, bekamen wir Wind davon, dass in Block 10 ein weiteres Experiment durchgeführt werden sollte. Gesucht wurde nach einem Mittel zur Massensterilisierung von Männern und Frauen. Dabei wurden ihre Genitalien mit Röntgenstrahlen behandelt. Den Ärzten standen 300 Frauen zur Verfügung, an denen Versuche durchgeführt wurden. Teils wurden sie jeden Monat, teils alle sechs Monate ausgetauscht. Diese Frauen kamen nicht aus dem Lager, sondern direkt aus den neuen Transporten. Nach solchen Sterilisierungsexperimenten gingen mehr als 500 Frauen ins Gas, jedoch nie Christinnen, sondern ausschließlich Israelitinnen.

Für diese Experimente wurde ein berühmter israelitischer Wissenschaftler eingesetzt, der speziell zu diesem Zweck herangeholt worden war. Obwohl hochbetagt, wurde er verpflichtet, eine Lösung zu finden. Derselbe Wissenschaftler experimentierte auch mit Embryos, die in einer künstlichen Gebärmutter, also außerhalb des menschlichen Körpers, herangezüchtet wurden.

Darüber hinaus wurden Operationen an den männlichen und weiblichen Geschlechtsorganen durchgeführt. Infolgedessen verloren die Patienten ihre Libido und Fortpflanzungsfähigkeit. Einigen Männern wurde einer der Hoden oder auch beide entfernt. Die Hoden wurden dann in diverse Flüssigkeiten gelegt und künstlich am

Absterben gehindert. Es wurden Spermien entnommen und in Eizellen eingepflanzt. Die Ergebnisse dieser Experimente waren jedoch mager. Wurden die Frauen durch die Experimente schwanger, kamen sie ins Krematorium.

Im September 1944 wurde der israelitische Arzt unerwartet von den Experimenten abgezogen. Danach war er verschwunden. Es gab das Gerücht, er sei getötet worden. So kamen die Experimente zum Erliegen. Fortgesetzt wurden nur diejenigen zu Krebserkrankungen und zum eruptiven Typhus.

Die Sterilisationsexperimente wurden unglücklicherweise kurz vor Ankunft des ersten Menschentransports aus Thessaloniki begonnen. So mussten viele griechische Israelitinnen an diesem schrecklichen Experiment teilnehmen. Nur sehr wenige Überlebende konnten danach noch Kinder bekommen.

Viele Experimente waren psychologischer Natur. Studiert wurden die Reaktionen von Häftlingen, die sich zwischen Leben oder Tod entscheiden mussten. Ich kann nur berichten, was mir zwei polnische Israeliten darüber erzählt haben:

An einem Novembernachmittag im Jahr 1944 wurden nach dem Appell zwei Israeliten aus dem Krankenhaus angefordert. Gleich nach ihrem Eintreffen wurden die beiden in einen Warteraum gebracht, in dem bereits zwei SS-Männer auf sie warteten, einer davon in Zivil. In den Untersuchungsraum wurde jedoch nur einer der beiden Israeliten geführt, der andere musste draußen warten.

„Setzen!", hieß es. Der Uniformierte starrte dem Gefangenen beharrlich in die Augen.

Dann fragte er ihn plötzlich bedeutungsvoll: „Fühlt es sich gut an, mir gegenüberzustehen und gesund zu sein?"

„Ja", antwortete der Gefangene aus Angst, bei negativer Antwort im Krematorium zu landen.

Darauf sagte der SS-Mann: „Schau, auf dem Tisch steht ein Glas." Dabei zog er ein Tütchen mit Pulver hervor. Er streute das Pulver ins Glas und löste es im Wasser auf. Dann reichte er das Glas dem Gefangenen und sagte: „Trink aus. Nimm dich aber in Acht, das Pulver ist ein hochwirksames Gift, du wirst sofort tot umfallen!"

Versetzen Sie sich in die Situation voller Angst und seelischer Not dieses unglückseligen Israeliten. Er sollte diese giftige Mixtur trinken! Trotzdem setzte er das Glas entschlossen an die Lippen. Mit einer schnellen Bewegung packte der SS-Mann seine Hand und sagte: „Stopp! Du weißt doch, dass du unter grausamen Schmerzen sterben wirst. Warum stürzt du dich nicht auf mich, um mich zu töten? Warum greifst du nicht nach meiner Waffe? Hier, nimm sie und töte mich. Räche deine Freunde!"

Der Gefangene antwortete ihm aber ganz ruhig: „Was habe ich davon? Nehmen wir an, ich töte Sie. Vielleicht töte ich auch noch ein paar andere mit den restlichen Patronen. Und dann? Kurz darauf werden Ihre Kameraden nicht nur mich töten, sondern wahrscheinlich noch tausende anderer Häftlinge, die nichts dafür können."

Nach diesen Worten leerte er entschlossen das Glas. Daraufhin meinte der SS-Mann: „Leg dich schlafen und ruh dich aus. Ein paar Stunden bleiben dir noch, doch bald bist du tot."

Doch der Gefangene starb nicht. Als ich aus dem Lager Ebensee befreit wurde, traf ich ihn wieder. Das Ganze war eine einstudierte Sache gewesen, und SS-Männer haben den Gefangenen im Anschluss noch häufig im Krankenzimmer besucht, um seine Stimmung zu prüfen.

Der zweite Gefangene wurde unbehelligt in seinen Block zurückgeschickt. Solche Versuche kamen immer wieder vor.

Block 11

Das Lager hatte einen Block, dessen bloße Erwähnung schon Angst hervorrief. Es war der Block 11, die Baracke des Schreckens. In all unseren Gebeten flehten wir, davor bewahrt zu werden. Dort fanden die Exekutionen statt, die ein Exempel statuieren sollten. Dort saßen die Todgeweihten ein, dort landeten die Gefangenen, die schwere Verfehlungen begangen hatten. Es war, um es auf den Punkt zu bringen, ein Ort der Folter und der Hinrichtung. Block 11 hatte einen großen Hof, den man von außen nicht einsehen konnte. Wurde aber das riesige Tor geöffnet, erblickte man eine große schwarze Wand. Das war die „Todeswand", die Wand der Hinrichtungen. Seitlich an der Wand hatte man eine Rinne gegraben, damit das Blut der Exekutierten abfließen konnte.

Zum Schlagen und Foltern hatte man eine Person bestimmt, die dafür besonders geeignet war. Nur töten durfte sie nicht. Diese Aufgabe war dem Rapportführer vorbehalten. Nur er hatte dieses offizielle Vorrecht und musste dafür auch keine Erlaubnis irgendeines Vorgesetzten einholen.

Aufgabe des Henkersknechtes war es, die Gefangenen zu schlagen. Er unterzog sie unterschiedlichen Foltermethoden, die von der begangenen Straftat abhingen. Vorbildlich dabei war der „Dicke Jakob", an seinen Nachnamen kann ich mich nicht erinnern. Von einem

Gefangenen, der Essen in den Block 11 brachte, erfuhr ich, dass er mit dem berühmten deutschen Boxkämpfer Schmeling trainiert haben sollte. Jakob wog an die 220 Kilo. Er bekam genügend Nahrung, um mit Wucht auf die Gefangenen einprügeln zu können, obwohl er selbst politischer Gefangener war. Der Dicke Jakob war die rechte Hand des Rapportführers, war bei allen Hinrichtungen dabei und verband den Todgeweihten die Augen. Seine Körperkraft war enorm. Im August 1944 zeigte er einmal vor der Küche seine Fähigkeiten. Er konnte ganz alleine Eisenstangen verbiegen, was nicht einmal fünf durchschnittlich starke Männer zusammen schafften.

Jeden Monat gab es 50, 100, 200 oder sogar 1 000 Hinrichtungen aus den unterschiedlichsten Gründen. Die Gefangenen kamen sowohl aus unserem Lager als auch aus verschiedenen anderen polnischen Gefängnissen. Im Block 11 wurden im August 1944 während des Aufstands im Warschauer Ghetto 500 polnische Gefangene exekutiert. Die Israeliten, die in diesen Block versetzt wurden, kamen nicht wieder lebend heraus. Schon bei der ersten Selektion nahmen sie den Weg zum Krematorium.

War ein Gefangener im Besitz von Zivilkleidung ohne Sträflingskennzeichnung, wurde er des Fluchtversuchs beschuldigt. Dann ging es sofort in den Block 11. Die Folter, der er unterzogen wurde, war grausam. Kehrte er ins Lager zurück, musste er unter seiner Gefangenennummer den besagten großen roten Punkt hinzufügen. Der gleiche Punkt kam auf den Rücken, dadurch konnte man ihn schon von weitem ausmachen. Damit wurde eine Flucht unmöglich gemacht. Dieser Gefangene hatte nicht mehr lange zu leben. Jeder SS-Mann, jeder Kapo und sogar jeder Häftling, der irgendeine Funktion innehatte, konnte ihn schlagen und quälen. Zwangsläufig begingen solche Menschen Selbstmord am Hochspannungs-Stacheldrahtzaun, oder sie wurden von der SS getötet.

In Block 11 gab es enge Kammern, in denen es einem die Luft abschnürte, und jede Menge Foltergeräte, die an mittelalterliche Torturen erinnerten – Maschinen etwa, die Knochen brachen und Haut durchbohrten. Des Öfteren kam es vor, dass ein Gefangener jede Courage und Hoffnung verlor. Dann beschloss er, seinem in jeder Hinsicht schrecklichen Leben ein Ende zu setzen. Morgens sah man dann halbverkohlte Leichen am Zaun hängen. Ebenfalls hörte man nachts immer wieder Schüsse. Wir wussten, was das bedeutete: Eine gequälte Seele hatte im Tod Erlösung gesucht und gefunden.

Was das Verhalten der SS angeht, so war der Sommer 1942 für die Gefangenen der schlimmste. In dieser Zeit gab es ein Kommando, das später als wenig nutzbringend wieder abgeschafft wurde. Ich selbst war nicht hinzugezogen worden, aber alle, die dort gearbeitet und aufgrund der Auflösung des Kommandos überlebt hatten, berichteten Folgendes:

Die Arbeit war nicht besonders schwer, die Schläge jedoch unerträglich. Es war das sogenannte Kartoffelkommando. Die Aufgabe bestand darin, Kartoffeln in die Eisenbahnwagen zu laden und sie ins Lager zu transportieren. 500 Gefangene waren daran beteiligt. Kein Häftling, der dorthin abkommandiert war, lebte länger als fünf Tage.

Diejenigen, die mir davon erzählten, waren durch Zufall am Leben geblieben. Sie waren dermaßen zusammengeschlagen worden, dass sie bewusstlos liegen blieben und man sie für tot hielt. Schließlich brachte man sie ins Lager und zur Behandlung ins Krankenhaus. Nach der Entlassung wurden sie aufgrund ihres geschwächten Zustands anderen Kommandos zugeteilt. Und sie hatten einmal mehr Glück gehabt: Während ihres Krankenhausaufenthalts gab es keine neuen Selektionen.

Es war die Jahreszeit, in der es reichlich Kartoffeln gab, die vorwiegend zur Lagerung nach Auschwitz gebracht wurden. Diese Arbeit führte das erwähnte Sonderkommando aus. Die Aufsicht hatten zwar die Kapos, nur wollten sie nicht zum Kartoffelkommando, weil der Einsatzort weit weg vom Hauptlager lag. Ihren Unwillen und ihren Unmut ließen sie dann an anderen aus. Und diese anderen waren die Häftlinge, die sie beaufsichtigten. Nicht nur die SS-Leute schlugen zu, sondern die Kapos vermutlich noch mehr. Der Kapo meldete abends beim Rapport: Soundso viele Lebende, soundso viele Tote (oder besser gesagt: Ermordete). Denn jeden Tag gab es mehr als 150 Tote. Dieser Zustand hielt drei lange Monate an. Eine Hochrechnung der Erschlagenen und Erschossenen ist leicht zu bewerkstelligen.

Die SS-Wachen töteten auf folgende Art und Weise: Der stärkste Wachsoldat nahm eine Schaufel und schleuderte damit Kartoffeln, soweit er konnte. So landeten die Kartoffeln außerhalb des bewachten Bereichs. Lief ein Gefangener los, um sie einzusammeln, wurde er rücklings erschossen. Hörte ein Offizier den Schuss und wollte wissen, was passiert war, antwortete die Wache, dass der Häftling fliehen wollte.

Viele Gefangene warfen, verzweifelt über solch ein Leben, selbst Kartoffeln oder auch nur Steine nach außerhalb. Dann liefen sie hinterher. Oft feuerte der Wachsoldat aber nicht. Er forderte den Gefangenen auf, stehenzubleiben. Schlimm für ihn, wenn er nicht gehorchte. Und noch schlimmer, wenn er gehorchte. Dann holten ihn die Kapos und schlugen ihn tot, und er endete erbärmlicher als ein Straßenköter. Hielt der Gefangene nicht an, genügte eine Kugel, um sein Lebenslicht auszulöschen. Damit starb er aber wenigstens ohne Schmerzen und ohne Todesangst. So etwas passierte nicht selten.

Abgesehen von diesem Kommando gab es in Birkenau auch eine Strafkompanie. Dorthin kamen alle aus Block 11, die nicht zum Tode verurteilt worden waren. Nach dem Kartoffelkommando belegte es an Brutalität den zweiten Platz.

Wer einige Wochen dort verbrachte, kam in der Regel nicht mehr zurück. Zurück kamen nur diejenigen, die gegenüber ihren Mitgefangenen grob wurden, bereit waren zu töten und Blut zu vergießen und somit zu Komplizen der SS wurden.

Solche Menschen waren die Kapos und die Blockältesten. Obwohl Gefangene wie wir, wurden die Kapos zumeist aus deutschen Kriminellen, ukrainischen Verrätern, Russen oder Polen rekrutiert. Ich habe nie einen Franzosen, einen Dänen, einen Belgier oder einen Niederländer kennengelernt, der so eine Position innehatte.

Das Frauenlager

Birkenau (Auschwitz II)

In Birkenau wurde ein separates Frauenlager errichtet. Die Bedingungen dort waren noch schlimmer als im Stammlager Auschwitz. Sowohl meine Mutter als auch meine Schwester hatten das Pech, dorthin zu kommen. In mancher Hinsicht war ihre Lage aber besser als die vieler anderer Gefangener. Sie arbeiteten nämlich in den Archiven, wo sie die Morde an ihren Mitgefangenen registrieren mussten.

Bevor Rudolf Höß Lagerkommandant wurde, war der Zustand der weiblichen Gefangenen tragisch. Sie waren im großen Nachbarlager von Auschwitz, in Birkenau, untergebracht – in dem Lager, in dem die Krematorien standen. Dort lebten mehr als 20 000 Frauen unter den übelsten Bedingungen, die man sich vorstellen kann. In einigen Fällen wurden sie von ihren Blockältesten noch schlechter behandelt als wir von unseren. Es war schwer nachvollziehbar, was die SS-Aufsicht dazu brachte, wehrlose Frauen mit Stiefeln zu treten oder Hunde auf sie zu hetzen.

Die gefangenen Frauen stammten aus allen Schichten. Unter ihnen gab es auch Zartbesaitete, die in ihrem früheren Leben beim leisesten Regen das Haus nicht verließen, und andererseits Robuste, die mit einer warmen Mahlzeit vollauf zufrieden waren.

Frauen, die bislang nie Holzpantinen getragen hatten, verrichteten jetzt die niedrigsten Arbeiten, verloren ihre Würde und prostituierten sich für einen Kanten Brot.

Hier wurden die Frauen gezwungen, harte Männerarbeit zu verrichten. SS-Männer und ihre Helferinnen befehligten die Internierten. Das Lagerleben prägte den Charakter der Gefangenen tief. Wohlhabende Frauen, die noch nie gearbeitet hatten, mussten jetzt Schlange stehen, um am ganzen Körper kahl geschoren zu werden. Ohne die Zierde des Haupthaars verlor die Frau ihre naturgegebene Schönheit. Ich komme noch darauf zu sprechen, was für Folgen solche Erniedrigungen bei diesen Frauen haben konnten. Zuerst möchte ich jedoch den Alltag im Lager beschreiben.

Waren Kopf und Körper kahl geschoren und das Desinfektionsbad überstanden, wurde so eine Frau in den Quarantäneblock gebracht. Dort erfuhr sie unter Umständen, dass ihre ganze Familie getötet worden war, oder dass sie ihre Kinder oder ihren Mann nie wieder sehen würde. Man kann davon ausgehen, dass dann Bewusstseinsstörungen auftraten. Es fiel ihr schwer zu glauben, dass ihr Haar abgeschnitten war und ihre Füße in Holzpantinen steckten. Bald würde sie mit all den anderen Frauen zur Arbeit gehen müssen und sich tiefgreifend verändern. Anfangs war es ihr sicher peinlich zu sehen, wie die anderen Frauen in der Sträflingskleidung ihr Aussehen vernachlässigten, wie Körperteile unbedeckt blieben. Aber sie begriff, dass es einzig und allein darum ging, diese Hölle zu überleben.

Wichtig war jetzt, mit gesenktem Kopf Schaufel und Hacke richtig zu bedienen, um die Prügel des Kapos zu vermeiden, der ganz genau hinschaute. Trotz schmutziger und anstößiger Kleidung war es bald egal, ob ein SS-Scherge in der Nähe war. Es war nicht mehr wichtig, die körperliche Blöße zu verbergen. Langsam wurden die

Frauen – genauso wie die Männer – zu Tieren. Es genügte ihnen, eine warme Wassersuppe zu haben. Fehlte aber selbst die, waren Not und Verzweiflung groß. Das Interesse an der Tagespolitik schwand, es war – anders als im ersten Lagerjahr – nicht mehr wichtig, ob die Alliierten mittlerweile deutsche Gebiete eroberten.

Der herrschende Schmutz war unbeschreiblich. Selbst wenn der Wunsch, sich zu waschen, noch existierte, gab es Gelegenheit dazu nur zu bestimmten Zeiten und unter bestimmten Bedingungen. Schon allein, zur Latrine zu gehen, war im Lager Birkenau eine komplexe Angelegenheit. Diese war in einer Baracke in der Mitte des Lagers untergebracht und öffnete nur drei Mal am Tag, die übrige Zeit war sie für die Gefangenen geschlossen. Nur die „Blockowas" (die weiblichen Blockältesten) und die Kapos konnten sie uneingeschränkt benutzen. Stellen Sie sich vor, was für ein Gedränge zu den offiziellen Öffnungszeiten herrschte!

Manchmal mussten die Frauen, auch barfuß, im Winter beim Straßenbau arbeiten. Dabei waren Erfrierungen unvermeidlich, worauf ein Krankenhausaufenthalt folgte – und der endete im Krematorium. Die Selektionen folgten denselben Kriterien wie die der Männer. Auch die Frauen mussten sich in bitterster Kälte – oft bei Minusgraden – nackt ausziehen und lange ausharren. Dann ging es zu demselben Leitenden Lagerarzt, der auch die Selektion der Männer durchführte. Und dann kam die schicksalhafte Handbewegung ...

Die Frauen hatten größeren Leidensdruck, die Männer waren psychisch und physisch robuster. Herzergreifend war der morgendliche Anblick, wenn sich teilweise verletzte Frauen mit unsicherem Schritt auf den Weg zur

Arbeit machten. Manche Frauen beweinten mit gesenktem Kopf ihr verlorenes Glück, das sie vielleicht nie wieder zurückgewinnen würden. Manche pressten die Lippen zusammen und trugen einen Ausdruck der Entschlossenheit im Gesicht – bereit, sich allen Widrigkeiten zu stellen. Es gab aber auch andere, furchtsame Frauen, die aus Angst vor einem Fehltritt nur ganz zaghaft liefen. Für den weiblichen Kapo war all das ein willkommener Grund, den Knüppel zu schwingen. Frauen, die bereit waren, sich selbst oder auch andere zu töten, fielen dadurch auf, dass sie den Kapos keine Beachtung schenkten. Dieses Verhalten provozierte wiederum die Aufsichtspersonen, die sich wie Furien auf diese Gefangenen stürzten.

Die Wachen machten sich für ihren Sadismus die Hunde zu Nutze, die griechischen Hirtenhunden glichen. Statt sich selbst mit dem Blut von unschuldigen Frauen zu besudeln, hetzten die SS-Schergen die abgerichteten Hunde auf sie, die die Opfer zerbissen und ihnen ganze Fleischstücke herausrissen. Jeder Widerstand war zwecklos. Die Befehle und Drohgebärden seines Herrn oder seiner Herrin versetzten das Tier in noch größere Rage. Es war nicht schwierig zu erraten, wie diese Frauen enden würden. Das Krankenhaus bedeutete vielleicht noch eine kleine Verzögerung von ein paar Tagen, bevor es zum Krematorium ging. Wurde ein Gefangener von einem Kapo oder Blockältesten verprügelt, machten auch deren Freunde mit, um die Gunst des Funktionshäftlings zu erlangen, oder auch aus reinem Spaß an der Qual des Opfers.

Als ich einmal einem solchen Spektakel beiwohnen musste, hätte ich fast die Nerven verloren. Mein Puls spielte verrückt und beinahe hätte ich mich zu einem riskanten Schritt hinreißen lassen. Eine innere Stimme rief mich eindringlich zur Zurückhaltung auf: Bleib ruhig. Kümmere dich nicht um andere, wenn du lebendig hier herauskommen willst. Versuche, auf eine andere Weise zu helfen. Vermeide Situationen, die dich in Bedrängnis bringen könnten! Das war die Stimme der Vernunft. Es war unvermeidlich, dass Männer und Frauen hartherzig wurden, um diesem Irrsinn zu entgehen. Man musste die Augen verschließen und den Kopf abwenden, auch wenn man eine geliebte Person um Hilfe rufen hörte. Wir hofften, dass für uns Überlebende irgendwann die Zeit kommen würde, da wir den bestialischen Tod unzähliger Menschen rächen würden.

Gott hat uns zu anderen Menschen gemacht als die Nazis. Für uns war es undenkbar, jemanden zu töten, selbst dann nicht, wenn er uns einen geliebten Menschen geraubt hatte. Die Umstände erforderten, uns selbst zu verleugnen und nicht auf die Stimme des Herzens zu hören. Wir mussten geduldig auf den Tag warten, an dem wir unsere verlorenen Liebsten in Freiheit beweinen konnten. Dann würden wir den Kopf wieder erheben.

Für viele von uns blieb dieser ersehnte Tag nur ein Traum, der nie in Erfüllung gehen würde. Die Verräter und Folterer sollten jedoch später ihre gerechte Strafe finden. Einige sollten vor Gott, andere durch die Deutschen und andere durch uns Häftlinge in der Stunde der Befreiung aus dem Lager ihren Richter finden.

Mit der Ernennung von Rudolf Höß zum Kommandanten, der die männlichen Gefangenen schon als einfacher Wachoffizier schlecht behandelt und die weiblichen Gefangenen gequält hatte, änderte sich erstaunlicherweise das Verhalten gegenüber den Frauen. Es wurden neue

Gebäude in der Nähe des Stammlagers Auschwitz errichtet, die den Namen Auschwitz II bekamen. In diesem neuen Lager herrschte die erforderliche Sauberkeit und es gab gewisse Annehmlichkeiten. Die Frauen aus Auschwitz II wurden in einer nahegelegenen großen Munitionsfabrik beschäftigt. So konnten sie zumindest in einem überdachten Raum arbeiten. Dieses Lager, welches das Leben der Frauen erheblich verbesserte, kam jedoch zu spät, denn im Januar 1945 wurde das Lager von Häftlingen und SS geräumt.

Abgesehen von diesen beiden Lagern gab es zwei weitere, kleinere Frauenlager. Es waren landwirtschaftliche Betriebe, in denen das Lagerleben weniger schrecklich verlief. Besonders in den beiden Außenlagern Babitz und Harmense in der Nähe der Weichsel gab es reichlich Kartoffeln, Gerste und Weizen, auch Vieh und Geflügel wurden dort gezüchtet.

Die anderen Lager

Birkenau und Buna

Neben den zentralen Lagern für Männer (Auschwitz I) und Frauen (Auschwitz II, Birkenau) gab es noch drei weitere Außenlager, die jeweils anderen Zwecken dienten.

Das erste war ein reines „Judenlager". Dort lebten nur Israeliten aus Theresienstadt, einer ehemaligen Garnisonsstadt in der Nähe von Prag, in der das größte Ghetto im Deutschen Reich lag. Nach seiner Auflösung wurden viele Israeliten nach Auschwitz gebracht. Sie endeten aus unbekannten Gründen nicht sofort in den Krematorien. Im sogenannten Theresienstädter Familienlager lebten 20 000 Menschen, die von den Deutschen relativ gut behandelt wurden. Im zweiten Jahr seines Bestehens brach jedoch angeblich eine Seuche aus. Mit dieser Ausrede kamen alle in die Krematorien. Kein Einziger überlebte, sogar die Baracken wurden niedergebrannt.

Das zweite war das sogenannte Zigeunerlager mit 2 500 Insassen. Sie waren aus unterschiedlichen europäischen Staaten nach Auschwitz deportiert worden, wobei die Familien erstaunlicherweise nicht auseinandergerissen wurden. Doch schließlich endeten auch sie ausnahmslos in den Gaskammern und Krematorien.

Das dritte Lager war das Lager „Z". Hier waren 30 000 ungarische Israeliten untergebracht, die nicht registriert wurden und mit ihren Familien zusammenlebten.

Darüber hinaus gab es auch noch das Lager in Buna und andere mit zumeist weniger als 500 Gefangenen, die in Kohleminen arbeiteten. Alle diese Lager unterstanden dem Stammlager Auschwitz.

Buna mit seinen 7 000 Gefangenen bildete jedoch eine Ausnahme. Dort hatten die Deutschen Großes vor, es sollte das europäische Herstellungszentrum für synthetischen Kautschuk werden. Der Bau der Fabriken, die eine Fläche von 40 km^2 einnehmen sollten, hatte begonnen. Buna wurde mehrmals von anglo-amerikanischen Flugzeugverbänden angegriffen. Die Fabrikbauten, die noch nicht in Betrieb genommen waren, wurden dabei vollständig zerstört.

Im Einzugsbereich von Auschwitz lagen die größten Kohlebergwerke des Deutschen Reichs. 50 % des deutschen Bedarfs an Kohle und Erz wurden in Oberschlesien gewonnen. Die wichtigsten umliegenden Lager waren Jawischowitz, Golleschau und Jaworzno, aber noch viele weitere gehörten in den Zuständigkeitsbereich von Auschwitz. Dort war die Zwangsarbeit sehr hart, und viele Häftlinge starben durch Prügelstrafen. Alle zwei bis drei Wochen stockten neue Gefangene das benötigte Arbeitspersonal im Lager auf.

Sauberkeit und Disziplin in Auschwitz

Schon allein um am Leben zu bleiben, mussten wir so sauber wie möglich sein. Das war für SS und Blockälteste eine große Befriedigung. Dabei war ihnen aber einerlei, ob wir Wechselwäsche hatten oder nicht. Von Bedeutung war für sie nur die Sauberkeit der Gefangenen an sich. Das war jedoch ein Widerspruch: Ohne saubere Wechselwäsche war uns Gefangenen die Körperpflege egal.

Trotzdem wuschen wir uns, wenn auch nur zum Schein. Denn sonst machte der Stubenälteste Meldung, was 25 Stockschläge aufs Gesäß nach sich gezogen hätte.

Der ganze Block hatte einmal die Woche ein Bad zu nehmen. Die Gefangenen ließen ihre Kleidung im Block, marschierten ins Bad und kehrten von dort splitternackt zurück. Es gab keine Handtücher zum Abtrocknen, denn die Deutschen waren der Meinung, dass ein Gefangener sich nicht abzutrocknen brauche, da Wasser ohnehin von alleine trockne. Darüber hinaus mussten die Holzschuhe einmal die Woche eingefettet werden, das erhöhte ihre Lebensdauer und kaschierte Schlammspuren und Staub.

Zum Appell am Sonntagmittag schritt der Blockälteste die Reihen der Gefangenen ab und inspizierte sie sehr genau. Das Haar hatte kurzgeschoren und der Körper glatt rasiert zu sein. Auch musste die Häftlingsnummer an Brust und rechtem Hosenbein gut erkennbar und gut angenäht sein.

Jede Woche – oder besser gesagt, wenn auch nur eine Laus am Unterhemd eines Gefangenen auftauchte –, war die Desinfektion des gesamten Blocks fällig. Egal, wo ich in den Wirren der Zeit auch landete, Auschwitz war das einzige Lager im ganzen Deutschen Reich, das sich aufgrund von immenser Angst vor Läusen so sehr um die Sauberkeit kümmerte. Unsere ganze Kleidung ging dann in die Entlausungskammer, wir selbst mussten sogar bei eisiger Kälte ein Desinfektionsbad nehmen. Eine ganze Nacht blieben wir nackt, ohne Kleider und ohne Decke. Eine solche Desinfektion war für uns die reine Qual. Viele erkälteten sich und starben danach an Lungenentzündung.

Aber auch die Disziplin war in Auschwitz sehr strikt. Nur aus einer Entfernung von sechs Metern durften wir einen SS-Mann ansprechen, dazu mussten wir unsere Mütze abnehmen und stramm stehen.

Beim Zählappell war keine Kopfbewegung erlaubt. Wir mussten geradeaus schauen und reglos wie Statuen stehen. Erblickten wir einen SS-Angehörigen, auch wenn er 50 m entfernt war, mussten wir unsere Mützen abnehmen. Gab er uns einen Befehl, musste er präzise und schnellstmöglich ausgeführt werden. Wir hatten nicht nachzufragen, niemals. Wer viel fragte, hatte bei der SS nichts zu lachen. Wurde ein Gefangener beim Kommandanten vorstellig, musste er sechs Meter vor ihm stehen bleiben und rufen: „Sträfling Nummer Sowieso zur Stelle!" Dann hatte er zu verstummen. Wenn es dem Kommandanten in den Kram passte, gab er die Erlaubnis weiterzusprechen.

Um an Lebensmittel oder Brot zu kommen, mussten wir uns, ohne zu schubsen oder zu streiten, anstellen und geduldig auf die Zuteilung warten. Beschwerden darüber, dass die Suppe nicht ausreichend war oder weniger als sonst, dass die Tagesration schimmelig war, dass andere Blöcke besseres Essen bekamen, wurden nicht geduldet. Nicht einmal im Traum dachten wir daran, uns zu beschweren: Erstens wäre das vergebliche Liebesmüh gewesen. Und zweitens wäre man zusammengeschlagen worden, bis man Sternchen sah.

Diese harte Disziplin zwang uns, so wenig wie möglich zu sprechen, jede Tat und ihre Folgen abzuwägen und uns vor allem, wie bereits gesagt, gegen unser eigenes Leid und gegen die Pein der anderen eisern zu wappnen.

Wir durften nicht mit unserem Schicksal hadern, auch wenn es noch so grausam war.

Der Luftangriff der Alliierten

13. September 1944

Dieser Tag wird mir unvergessen bleiben. Als Flugzeuge der Alliierten unser Lager bombardierten, fanden viele meiner Freunde und Bekannten einen erbärmlichen Tod unter den Trümmern des Gebäudes, in dem wir arbeiteten.

Es war ein schöner Tag. Die Sonne schien und wärmte die Erde. Nichts wies darauf hin, dass sich bald ein schreckliches Drama abspielen würde, das beinahe auch mir das Leben gekostet hätte. Bis dahin hatten wir allen Angriffen, die den umliegenden Lagern in einem Radius von etwa zehn Meilen galten, nur wenig Beachtung geschenkt. Die fernen Explosionen gingen uns, auch wenn sie gut zu hören waren, nicht besonders nahe.

Ganz im Gegenteil, wir baten Gott inständig, die Deutschen sollten so oft wie nur möglich von den Alliierten bombardiert werden. Wir lauschten den Explosionen mit Freude und Erleichterung. Die Zahl unserer Feinde wird dezimiert, sagten wir uns, wenn wir nach den Luftangriffen Lastautos voller verstümmelter deutscher Leichen sahen. Der Anblick der toten SS-Leute erfreute uns. Und wir flüsterten uns gegenseitig zu: „Gott und die Alliierten scheinen uns nicht vergessen zu haben!"

Dieser Angriff jedoch hatte uns selbst getroffen. Es stellte sich die berechtigte Frage: Was bezweckte die Bombardierung eines der größten Lager auf polnischem Boden, das den Alliierten doch wohlbekannt war? Die Erklärung war, dass sich in letzter Zeit mehrere SS-Bataillone im

Umfeld des Lagers aufhielten. Sie sollten, unterstützt von motorisierten Einheiten und Funktechnik, an die Ostfront verbracht werden. Diese Truppenbewegungen waren den Alliierten sicherlich nicht verborgen geblieben. Die Bomben wurden zielsicher auf die SS-Bereiche abgeworfen, wo jedoch leider auch Gefangene arbeiteten. Auf eine Fläche von einem halben Quadratkilometer regnete es mehr als 50 Fliegerbomben, die meisten davon auf die SS-Unterkünfte.

Szenen der Bombardierung

Das Gebäude, in dem wir arbeiteten, hatte einen Schutzkeller. Im Fall eines Alarms wurden alle Arbeitskommandos der Gegend dorthin gebracht, um Schutz vor den Fliegerbomben zu finden, so auch an diesem Tag. Die Sirenen waren bereits vor einer Stunde ertönt, doch immer noch war kein Brummen von Flugzeugmotoren zu hören. Das Warten zerrte an unseren Nerven. Schließlich ertönte das laute Brummen aber doch noch: Es mussten drei oder vier Dutzend Flugzeuge im Anflug sein. Bei Alarm wurden das Lager und das umliegende Gebiet normalerweise mit einer Art künstlichem Nebel verschleiert, diesmal jedoch nicht.

Kaum hatten wir die Motorengeräusche vernommen, begann die Bombardierung. In dem Moment saß ich in einer Ecke in der Nähe des Kellereingangs. Mein Vater hielt sich in einem anderen Kellerraum auf, und so konnte ich ihn nicht sehen. Ich wusste nur, dass er irgendwo lesend auf einer Kiste saß. Schon bei den ersten Explosionen war klar, dass die Bomben sehr nah einschlugen.

Wir saßen alle dicht gedrängt, ohne zu wissen, was eigentlich los war. Ein paar Minuten verharrten wir regungslos. Plötzlich erhob sich kaffeebrauner Staub, der mich in die Höhe zu reißen und mit übernatürlicher Kraft in einen der Nebenräume zu drücken schien. Dabei ging mir durch den Kopf: Wie komme ich bloß durch die geschlossene Tür da hinein? Dass eine Bombe unseren Keller getroffen haben könnte, lag außerhalb meiner Vorstellungskraft. Nach der ersten Verwirrung sah ich, wie Spatsas, einer meiner Bekannten, in den kleinen Nebenraum eintrat. Blut tropfte ihm vom Kopf: „Spatsas, was ist passiert?", schrie ich wie von Sinnen. „Wo ist mein Vater?" Aber er war vollauf damit beschäftigt, die Blutung an seinem Kopf zu stillen. Dann realisierte ich, dass die Bombe auf die Näherei gefallen sein musste, und mir wurde alles klar. Ein extremes Angstgefühl, das mir die Ungewissheit einflößte, drohte mich zu ersticken. Die Bomben fielen immer weiter auf uns herab. Obwohl die Wände ringsum einstürzten, war mir jede Gefahr egal. Ich wollte nur wissen, was aus meinem Vater geworden war. Viele versuchten mich aufzuhalten, doch nichts konnte mich bremsen. Ich musste nach draußen. Ich suchte nach dem Ausgang zum Hof oder nach dem Kellereingang, fand aber weder das eine noch das andere. Das Einzige, was ich sah, waren Verschüttete, die – begraben unter Backsteinen und Schutt – in allen möglichen Sprachen um Hilfe riefen.

Ganz in meiner Nähe fand ich meinen guten Freund Spatsas, der gerade sein Leben ausgehaucht hatte. In der Knechtschaft des Lagers hatte er mir immer Trost gespendet. Niemand war jetzt in der Lage, einem anderen zu helfen. Völlig abgestumpft stiegen wir über die blutenden Köpfe der Verschütteten, die aus dem Schutt ragten, um dieser Hölle zu entkommen. Auch herumliegende Äste hinderten uns, voranzukommen. Wem war hier noch zu helfen und wie? Tonnen von Gestein und Erde hätten beiseite geräumt werden müssen, um auch nur einen der Verletzten zu befreien. Doch mich beherrschte nur die eine albtraumhafte Frage: Wo befindet sich mein Vater und wie geht es ihm? Eine schlimme Vorahnung hatte mein Herz ergriffen. Schließlich gelang es mir, in den Hof vorzudringen. Oje! Dort war kein Stein mehr auf dem anderen geblieben! Wo war die Mauer, die meinen Raum vom übrigen Keller trennte? Wo hatte sich mein Vater aufgehalten? Alles war wie weggepustet. Nur unförmige Gesichter und blutüberströmte Körper tauchten aus dieser Hölle auf. Nur ganz wenige waren unverletzt geblieben, vielleicht 50 von den insgesamt 1 300 Personen.

Da stürzte ich in die Richtung, in der ich meinen Vater vermutete. Keine Spur von ihm! Ich sah nichts als blutende Köpfe und Menschen, die stöhnend um Hilfe riefen. Ich fragte mich: Ist mein Vater der hier oder vielleicht der da?

Plötzlich hörte ich eine kraftlose Stimme, die meinen Namen flüsterte. Ich drehte mich um und sah einen Menschen, oder vielmehr ein blutüberströmtes menschenähnliches Geschöpf, das nach etwas Unsichtbarem tastete.

Es war mein Vater ... Bei seinem Anblick erstarrte ich. Ich dachte, ich hätte den Verstand verloren. Ich wollte nicht glauben, dass diese unförmige Masse voller Schmutz und Blut der Kopf meines Vaters war. Ununterbrochen wisperte er meinen Namen und versuchte, sich mit letzter Kraft vom Schutt zu befreien, in dem er bis zur Taille steckte.

Er konnte nichts sehen, da sein verletztes Auge heftig blutete. Ich versuchte, so gut ich konnte, seine Beine aus den Trümmern zu befreien. Ein Freund half mir dabei und machte mir Mut. Bald darauf konnten wir ihn aus dem bombardierten Gebäude wegschaffen, und ich kümmerte mich um ihn, so gut es ging.

Doch der Luftangriff war noch nicht zu Ende. Draußen bot sich uns ein unvorstellbar makabres Schauspiel: Überall lagen abgetrennte Arme und Beine herum, Leichname und Blinde, die um Hilfe riefen. Irgendwo in der Ferne – War es ein Wunschtraum? – sah ich plötzlich meine Mutter und meine Schwester auf uns zueilen.

Wahrheit oder Dichtung? Welche höhere Kraft hatte die beiden zu mir geführt, als hätte ich um ihren Beistand gebeten? Und trotzdem – es war kein Traum, kein Hirngespinst!

Bomben waren auch auf die benachbarten Frauenbaracken gefallen, woraufhin die Insassinnen ins Freie gebracht wurden. Als meine Mutter ihren schwer verletzten Mann in solch einem Zustand sah, wollte sie ihn so schnell wie möglich von dort wegbringen. Was für ein schicksalhafter Zufall, was für eine unerwartete Begegnung! So viele Monate lang hatten wir nichts voneinander gehört. Doch mein Vater war so gut wie bewusstlos, er hatte die Anwesenheit von Frau und Tochter noch gar nicht registriert. Er wiederholte nur ständig meinen Namen.

Der Luftangriff war immer noch im Gange. Die SS-Mannschaften fingen an, die Frauen fortzujagen, die sich unter die Männer gemischt hatten. Diese Trennung nach unserer kurzen, tragischen Begegnung nahm uns alle stark mit. Die beiden Frauen waren gezwungen, einen geliebten Menschen blutüberströmt und möglicherweise erblindet zurückzulassen.

Bald darauf entfernten sich die Flugzeuge und kehrten an diesem Morgen auch nicht mehr zurück. Langsam trieb man die leichter Verletzten zusammen, die dann in langen Schlangen ins Lagerkrankenhaus geführt wurden. Sobald 100 Verwundete zusammengekommen waren, begann für sie der beschwerliche Marsch in Richtung Stammlager, erbärmliche Kreaturen bildeten eine lange Schlange. Einige Verwundete hatten es eilig, ins Lager zu kommen. Andere brauchten besonders lang, schleppten sich mit gebrochenen Armen und Rippen vorwärts. Manche hatten aber nicht einmal die Kraft, sich zu bewegen und boten einen schrecklichen Anblick.

Über und über mit Blut und Erde verkrustet, war es nicht einfach, Bekannte zu erkennen. Wir fragten uns: Was hatte dieser Angriff letztendlich gebracht?

Kaum war ich mit meinem verwundeten Vater im Lager angekommen, schleppten wir uns direkt zum Krankenhaus. Erst dort wurde mir klar, wie schwer verletzt er war.

Seine Augen waren zum Glück verschont geblieben, aber sein Bein war ernsthaft verletzt. Kopf und Gesicht waren von größeren und kleineren Wunden übersät. Mein Vater blieb 18 Tage im Krankenhaus. Dort litt er mehr, als all die Monate zuvor im Lager. Aufgrund seiner schweren Verwundungen dauerte es eine ganze Weile, bis er wieder richtig klar im Kopf war. Obwohl sich sein Zustand verbesserte, blieb er nach wie vor stumm. Viele andere bezahlten diesen Angriff mit Behinderungen oder mit ihrem Leben. 400 wurden schwer verwundet, 200 leicht – und 80 verloren ihr Leben. Für diese Verwüstung hatte eine einzige 250-kg-Bombe ausgereicht.

Seit diesem Tag lagen unsere Nerven blank. Beim Aufheulen der Sirene waren wir jedes Mal wie gelähmt vor Angst. Näherte sich das Brummen der Flugzeuge, bedeckten wir Kopf und Gesicht mit unseren Armen, aus Angst, zerborstenes Glas oder Splitter könnten uns das Augenlicht kosten. Die Erinnerung an zwei Polen verfolgte uns, die mit uns zusammengearbeitet hatten und jetzt völlig erblindet waren.

27. September 1944

Der Luftangriff war erst wenige Tage her. Und nun klopfte am 27. September 1944 bereits ein weiteres Unglück an unsere Tür. Unmittelbar nach dem Appell machten seltsame Gerüchte die Runde. Es hieß, die Russen hätten ihre große Offensive gegen Lublin gestartet und wären auf dem Weg nach Krakau. Man erzählte, die Russen hätten die deutsche Verteidigungslinie in Lublin durchbrochen und befänden sich jetzt etwa 70–80 km vor Auschwitz.

Wie man sich denken kann, führte diese Nachricht im Lager zu großer Aufregung unter den 80 000 Gefangenen und ebenso vielen Zivilarbeitern, die sich heftig, aber auch voller Angst nach Befreiung sehnten. Unmittelbar nach dem Appell ging ich, statt zu meinem Block zurückzukehren, rasch in Richtung Krankenhaus, um meinen Vater zu besuchen.

Ich war keine 100 Schritte gegangen, als der Gong des Lagers ertönte. Dieser Gongschlag bedeutete, dass jeder Gefangene, der in dem Moment unterwegs war, sich unverzüglich in seinen Block zu begeben hatte, während es Aufgabe der Blockältesten war, Ausschau zu halten, ob sich noch jemand im Freien aufhielt. Was signalisierte der Gong diesmal? Lange hielt ich mich aber bei diesem Gedanken nicht auf. Schon seit einiger Zeit fanden keine Selektionen mehr statt, sodass wir uns kaum noch gedanklich damit beschäftigten. Statt zum Block zurückzukehren, zog ich es vor, meinen Vater im Krankenhaus zu besuchen, auch wenn ich dort hätte übernachten müssen. Ich verschwendete keinen Gedanken an irgendwelche Konsequenzen, denn ich war des Öfteren nicht im Block gewesen, wenn der Gong ertönte. Es bestand ja auch die Möglichkeit, in einem anderen Block unterzukommen und später in meinen eigenen zurückzukehren.

Damals konnte ich mir nicht vorstellen, dass ich durch diese Entscheidung, ins Krankenhaus und nicht zurück zum Block zu gehen, einer großen Gefahr entkommen sollte. Nachdem ich bis 21 Uhr im Krankenhaus geblieben war, machte ich mich auf den Rückweg. Am Blockeingang bemerkte ich ein so seltsames Schauspiel, dass mich heftige Angst und tiefe Sorge überkamen. Ich sah die Gefangenen hintereinander aus dem Bad kommen und nackt auf den Block zusteuern. Zuerst dachte ich, sie wären in der Entlausungsanstalt gewesen. Dann schlussfolgerte ich, dass man sie wohl für einen Transport ins deutsche Hinterland vorbereitete.

Diese Gedankengänge stützten sich auf meine bisherige Erfahrung. Nie hätte ich mir vorstellen können, dass das, was ich zu sehen bekam, eine Selektion war! Im Block befragte ich besorgt meine Freunde, doch niemand wusste etwas Genaues.

Die Gerüchte widersprachen sich. War es eine Selektion für den Abtransport oder eine Selektion der Geschwächten, die noch vor den Kräftigeren ins deutsche Hinterland gebracht werden sollten? Keinem kam in den Sinn, dass diese Selektion, die nicht nur Israeliten, sondern auch deutsche Gefangene umfasste, Vernichtung bedeuten könnte.

Wer hätte gedacht, dass die Deutschen blufften! Leider kannten wir sie immer noch nicht gut genug. Diese Selektion war so inszeniert worden, dass der Eindruck entstand, sie beträfe auch die geschwächten Christen!

Für all diese Thesen gab es allerdings keinerlei Beweis. Uns interessierte einfach nur die Frage: Was sollte mit den Selektierten passieren?

Bei den Selektionen begann somit ein neues Kapitel: Zum ersten Mal wurden in Auschwitz die Geschwächten nicht aussortiert. Die selektierten „Muselmänner" wurden im Block 2A untergebracht, das heißt im Quarantäneblock. Dort blieben sie drei Tage. Wir wussten nicht, was wir davon halten sollten: Vielleicht würde man sie ja tatsächlich freilassen und nicht töten. Oder die Deutschen hielten die „Muselmänner" mit Absicht so lange hin, bis jeder Verdacht zerstreut war, dass sie todgeweiht seien!

Die Selektion hatte Freitagnachmittag stattgefunden. Am Montagnachmittag geschah etwas Ungewöhnliches, etwas nie Dagewesenes in der Geschichte des Lagers. Nach dem Zählappell waren Freudenschreie zu hören. Die „Muselmänner" waren entlassen worden und kehrten in ihre Baracken zurück. Es war wie eine Auferstehung, denn sie waren dem sicheren Tod entkommen. Es gab Umarmungen, Küsse und nicht enden wollende Freudenbezeugungen. Wie viele angsterfüllte Stunden hatten diese armen Menschen in Erwartung ihres schrecklichen Schicksals verbringen müssen! Es sollte aber nicht mehr lange dauern, bis all die fürs erste Geretteten doch noch in die Krematorien und ins Verderben geschickt wurden!

Nachdem Christen und ein paar Juden, die keine politischen Gefangenen, sondern gemeine Kriminelle waren, aus den Namenslisten gestrichen waren, wurden die Selektierten – unter dem Deckmantel des Transports in ein anderes Lager in der Nähe von Auschwitz – wieder zusammengetrieben. Was aus ihnen wurde, hat man nie erfahren.

Fluchtversuche und ihre Folgen

Es wird allgemein angenommen, all die Unglückseligen, die in den Konzentrationslagern umgekommen sind, seien passive Opfer gewesen, die sich wie die Lämmer zur Schlachtbank hätten führen lassen. Es stimmt, dass Millionen unschuldiger Männer, Frauen und Kinder in den Gaskammern ermordet wurden, wobei ihnen mehr oder weniger bewusst war, was ihnen bevorstand. Seltener wird jedoch die Geschichte derer erwähnt, die Widerstand geleistet, derer, die zu fliehen versucht, und derer, die die Holocaust-Maschinerie – wenn auch nur kurzfristig – zum Stillstand gezwungen hatten. Diesen tapferen Männern und Frauen widme ich dieses Kapitel. Angesichts des Lagerlebens ist es ein kleines Wunder, dass sie überhaupt in der Lage waren, das zu tun, was sie vollbracht haben.

Die Flucht aus dem Konzentrationslager Auschwitz war kein leichtes Unterfangen. Versuche gab es viele, aber jedes Mal erwartete die Geflohenen ein schreckliches Ende. Schlussendlich ist die Flucht kaum einem gelungen. Die meisten wurden unmittelbar bei der Flucht oder kurz danach gefasst. In den drei Jahren der Existenz des Lagers haben mehr als hundert Gefangene einen Fluchtversuch unternommen, darunter auch ein tapferer Israelit, Alberto Errera aus Larissa, griechischer Offizier und einer der Aufständischen vom 7. Oktober 1944.

Wer sich dazu entschloss, sah sich mit zwei enormen Hindernissen konfrontiert:
1) Wurde der Ausbrecher gefasst, wartete der Galgen zur Abschreckung der anderen auf ihn.
2) Wurde er nicht gefasst, kam seine ganze Familie in Haft und blieb so lange im Lager, bis der Ausbrecher wieder zurückgekehrt war.

Zuerst musste der Ausbrecher den Hochspannungs-Stacheldrahtzaun überwinden, der das Lager umschloss. Ein größeres Risiko war jedoch das Schicksal seiner Familie. Diejenigen, die zu fliehen versuchten, hatten meist keine Familienangehörigen mehr. In der Regel gehörte der Flüchtling einem Arbeitskommando an, das nur wenige Bewacher hatte und einige Kilometer vom Stammlager entfernt tätig war.

Nur einmal in der Geschichte des Lagers, im Oktober 1944, wurde ein Ausbruch mithilfe eines SS-Manns versucht, der jedoch auch scheiterte. Beteiligt war eine besondere Gefangenengruppe, nämlich Funktionshäftlinge: der Oberarzt und der Zahnarzt, der Kapo der Kleiderkammer und der Kapo der Autowerkstatt, also Leute, die – obschon Gefangene – alles enge Vertraute der SS waren. Diese gut geplante Flucht misslang, weil der SS-Mann sie verriet, der gegen viel Gold und Bargeld das Fluchtauto fahren sollte. Ihre Strafe war der Tod durch den Strang.

Nachdem die Ausbrecher einen Monat lang in Block 11 einsaßen, eröffnete man ihnen, dass sie an einem Freitag (an das genaue Datum kann ich mich nicht mehr erinnern) auf dem zentralen Lagerplatz gehängt werden sollten. Alle Lagerinsassen mussten an ihnen vorbeiziehen und die zum Tode Verurteilten aus nächster Nähe anblicken.

Diese sechs Gefangenen gingen aufrecht in den Tod. Ich spreche von sechs, weil noch zwei Weitere, die auch hatten fliehen wollen, gehängt wurden. Auch in der allerletzten Minute verzagten sie nicht. Ihr letzter Wille war eine Ansprache an die Lagerinsassen. Natürlich wurde sie ihnen verwehrt, und statt einer Antwort erhielten sie nur Hiebe mit dem Gewehrkolben.

Am Galgen riefen sie patriotische Parolen: „Es lebe Polen! Es lebe Großbritannien! Es lebe Russland! Es lebe Amerika!" Den anderen Gefangenen riefen sie zu, dass das Leiden bald ein Ende haben werde und sie wieder frei sein würden.

Ich war bei dieser Hinrichtung nicht dabei. Mein Arbeitskommando hatte viel zu tun und ich musste auf meinem Posten bleiben. Daher nahmen wir nicht am regulären Appell teil, sondern erst am Abendappell nach getaner Arbeit. Die Hinrichtungen fanden immer am Ende des regulären Appells und im Beisein aller Gefangenen statt.

Die anwesenden SS-Schergen verloren bei den skandierten Parolen völlig die Nerven. Der Lagerkommandant wies den Rapportführer an, der an diesem Tag auch als Henker fungierte, die Prozedur mit diesen „Bastarden", wie er sie nannte, zu beschleunigen.

Am Tag der Hinrichtung erfuhren wir auch die tragischen Details der Verhaftung der vier Ausbrecher. Als ihr

Mitgefangener war ich sehr stolz darauf, wie tapfer und gemessen sie bis zum letzten Augenblick agierten. Sie gehörten zu den Besten unter den Häftlingen und hatten vielen Kameraden in schwerer Stunde geholfen. Einen von ihnen, einen Polen, kannte ich persönlich. Er war eine der edelsten Seelen, die ich je getroffen habe. Niemals hatte er einem Mitgefangenen eine Bitte abgeschlagen.

Die Gefangenen, die leidenden Kameraden halfen und ihnen das Leben erleichterten, hielten sich nicht lang auf ihren Posten, in den meisten Fällen verloren sie schnell ihr Leben. Andere Gefangene – sowohl Vorgesetzte als auch Untergebene – beschwerten sich über sie beim Kommandanten, sodass solche kameradschaftlichen Menschen früher oder später degradiert und den schlimmsten Arbeitskommandos zugeteilt wurden, wo sie unter schrecklichen Bedingungen arbeiten mussten.

Ein ganz bestimmter Fluchtversuch im Mai 1944 wurde zum Meilenstein in der Geschichte des Lagers. Zwei Personen, die – was Herkunft und Charakter betraf – sehr unterschiedlich waren, beschlossen zu fliehen. Der eine war Heniek Kurzweig, ein Israelit, der andere war Staszek, ein Pole, dessen Nachnamen ich nicht mehr weiß. Beide lebten in meinem Block und erweckten nichts als Misstrauen und Unwohlsein. Sie arbeiteten in der Politischen Abteilung, auch Lagergestapo genannt. Sie standen in der Gunst der Deutschen, denn sie fungierten als Spitzel, die jeden verrieten, der politische Gespräche führte.

Kurzweig war Franzose, ein Mann der Unterwelt, gewohnt, vom Schweiß anderer zu profitieren. Viele sagten, er sei ein Taschendieb von internationalem Rang gewesen. Und Staszek spionierte für die Russen. Der Pole stellte nun seine Fähigkeiten in den Dienst einer höheren

Sache. Er musste unter allen Umständen überleben, denn er spionierte die Deutschen aus, um Informationen an den polnischen Geheimdienst weiterzuleiten. Zu keiner Zeit haben die Deutschen mitbekommen, welches Spiel er volle drei Jahre lang trieb. Er genoss ihr Vertrauen und wurde deshalb auch nicht observiert. Das war für die Flucht sehr hilfreich. Eines Morgens verschwanden er und sein Freund Kurzweig auf Nimmerwiedersehen. Wie wir ein paar Tage später erfuhren, fand ihre Flucht unter außergewöhnlichen Umständen statt. Sie hatten eine große Menge Gold bei sich, das sie sich dank ihrer Position hatten besorgen können. Außerdem waren sie einem Arbeitskommando angeschlossen, das etwa vier Kilometer außerhalb des Lagers beschäftigt war.

Der Pole hatte die Ergebnisse seiner Spionagetätigkeit, nämlich für die Deutschen kompromittierende Unterlagen dabei, die er aus der Politischen Abteilung entwendet hatte, und darüber hinaus noch Beweise für die üble Behandlung der Lagerhäftlinge. Als das Kommando aufbrach, setzten sie ihren Plan in die Tat um. Am Arbeitsplatz angekommen, wo eine neue Straße fertiggestellt werden sollte, gaben sie vor, bestimmte Messungen ausführen zu müssen. Da es in dieser Gegend keine Wachtürme gab, begleiteten zehn Wachsoldaten das Kommando. Einer davon schloss sich den beiden an, als sie sich vom Arbeitsplatz des Kommandos entfernten.

Da sie als vertrauenswürdig galten, hatte der Wachsoldat sogar die Order bekommen, die beiden Gefangenen bei ihrer Arbeit zu unterstützen. Was wohl aus diesem Soldaten geworden ist? Er wurde bestimmt eliminiert. Jedenfalls gaben sie ihm Wodka und machten ihn betrunken. Einer der Gefangenen stach ihm dann von hinten ein Messer in die Brust. Später wurde bekannt, dass die Flucht perfekt geklappt hatte und die beiden unversehrt Russland erreicht hatten.

Es gab noch einen dritten, für den März 1944 anvisierten Fluchtversuch, der jedoch im Planungsstadium stecken blieb und zwölf jungen Polen das Leben kostete. Niemand hat je herausgefunden, wer der Lagerleitung den Ausbruchsplan verraten hat. Sobald die SS Wind davon bekam, wurden die Verdächtigen in Block 11 geführt. Niemand von ihnen denunzierte jedoch den Anführer oder Anstifter des Unterfangens.

Nach einmonatiger Haft in Block 11 wurden sie des schweren Verbrechens der Sabotage gegen die Lagerleitung und des Fluchtversuchs beschuldigt. Auf Hochverrat stand der Tod durch den Strang.

Ein paar Tage später war es soweit. Nach dem Appell herrschte absolute Stille. Alle zwölf Beschuldigten wurden öffentlich und zeitgleich gehängt. Das ganze Lager war anwesend, die Gefangenen sollten sehen, wie die Deutschen Verräter bestraften. Unter solchen Tatvorwürfen wurden tausende von Unschuldigen getötet. Des Öfteren fragte ich mich: Was ging im Kopf der SS-Leute nach solchen Hinrichtungen vor? Ein normaler Mensch kann schon nach einer harmlosen Verfehlung nicht gut schlafen. Wie konnten die Nazis nach so vielen Morden und unbändiger Zerstörungswut mit gutem Gewissen Ruhe finden?

Immer wieder kam es zu weiteren Fluchtversuchen, die jedoch allesamt ein klägliches Ende fanden. Schon nach wenigen Tagen befanden sich die Geflohenen wieder in der Gewalt der Deutschen. Und die Strafe war dem Vergehen angemessen. Einige wurden vor der Hinrichtung gezwungen, auf einem Podium zu stehen, für alle gut sichtbar, die nach dem Arbeitsende gegen 16 Uhr ins Lager zurückkehrten. In der Hand mussten sie ein großes Schild mit der Aufschrift „Hurra, wir sind wieder da" halten.

Während der Aufbauphase des Lagers konnten einige Vorarbeiter – meist deutsche politische Gefangene – leicht entkommen, weil die SS-Wache noch nicht zufriedenstellend organisiert war. Doch selbst ein paar Jahre später wurden sie noch von der stets wachsamen Gestapo wieder eingefangen und zum Ausgangspunkt ihrer Flucht zurückgebracht.

Einer dieser Ausbrecher war der Gefangene mit der Nummer 2. Stellen Sie sich vor, was für ein Urgestein dieser Sträfling war, wenn ich bereits die Nummer 109 565 hatte! Bis zur Lagerauflösung wurden insgesamt 200 000 Gefangene registriert. Die Nummer 2 wurde aber nicht streng bestraft. Er blieb einige Monate im Block 11 und wurde dann in ein Arbeitskommando gesteckt, das im Lager arbeitete. Ihm war verboten, das Lager zu verlassen, und er musste den charakteristischen roten Punkt auf dem Rücken, an der linken Brust und am rechten Hosenbein tragen.

Ein solcher Punkt hätte für jeden Nicht-Deutschen den sicheren Tod bedeutet. Solche Leute hatten in den Händen der Blockältesten nicht lange zu leben. Einem deutschen Gefangenen gegenüber war die SS jedoch immer recht vertrauensselig und nachsichtig.

Zum Abschluss möchte ich eine andere Hinrichtung erwähnen, die das ganze Lager erschütterte. Es sollte die letzte ihrer Art sein.

4. Dezember 1944

An diesem Morgen kam die Nachricht, dass im Frauenlager vier Israelitinnen gehängt werden sollten. Die Anklage lautete, sie hätten den Aufständischen Sprengpulver zur Zerstörung der Krematorien verschafft. Die Hinrichtung von Róza Robota, Ella Gartner, Regina Safir und Estera Wajsblum fand am 6. Januar 1945 statt. In den Morgenstunden hatte man mit der Errichtung des Galgenpodestes begonnen. Den Männern der Arbeitskommandos wurde auf Befehl des Lagerkommandanten strengstens verboten, den Blick auf die Hinrichtungsstätte zu richten. Es gab aber ohnehin nur wenige Männer im Frauenlager, die dem makabren Schauspiel hätten beiwohnen können. Die Hinrichtung wurde auf 20 Uhr angesetzt. Das Frauenlager befand sich neben dem Gebäude, in dem ich arbeitete.

Der Galgen wurde direkt gegenüber von meinem Arbeitsplatz aufgebaut. An diesem Tag musste mein Kommando wegen der Arbeitsfülle bis spät in die Nacht bleiben. So hatte ich die traurige Gelegenheit, diesem widerlichen Schauspiel, einem weiteren Beweis der Feigheit der Nazis, beizuwohnen. Jedes Mal, wenn sich das Wachpersonal an einer wehrlosen Frau vergriff, glaubte man, im Mittelalter zu sein, als Menschen aus religiösen Gründen auf den Scheiterhaufen kamen oder Galileo eingesperrt wurde, weil er der Menschheit eine unleugbare Tatsache vor Augen hielt.

Die Blockältesten hängten Decken an den Stacheldrahtzaun, damit die Hinrichtung nicht weithin sichtbar war. Punkt 18:30 Uhr versammelten sich die SS-Offiziere und -Unteroffiziere im Frauenlager. Außerhalb des Stacheldrahts kamen SS-Personal und Wachsoldaten zusammen, um sich an den am Galgen baumelnden Frauenkörpern zu ergötzen.

Vor der Hinrichtung sprach der Kommandant zu den versammelten Frauen. Diese Strafe werde alle Frauen ereilen, die es wagen sollten, das Deutsche Reich zu sabotieren. Unmittelbar danach kam als Henker der berühmt-berüchtigte Dicke Jakob. Nachdem alle Vorbereitungen zur Hinrichtung getroffen worden waren, wurden die Verurteilten zum Galgen gebracht.

In diesem Moment passierte etwas sehr Bedrückendes. Hana Wajsblum, die Schwester von Estera Wajsblum, einer der Verurteilten, wollte sich aus der oberen Etage ihres Blocks in den Tod stürzen. Aber ihre verurteilte Schwester bedeutete ihr, gefasst zu bleiben. Diese Haltung rührte sogar die SS-Männer.

Ich hatte mich hinter ein paar in der Schneiderei hängenden Mänteln versteckt und lugte hinaus. Möglicherweise war ich der einzige männliche Gefangene, der diese Hinrichtung beobachten konnte. Mir liefen die Tränen über die Wangen, als ich Zeuge dieser Szene wurde.

Die Hinrichtung selbst dauerte nicht lange. Der Lagerkommandant befahl den „Blockowas", Hana Wajsblum abzuführen. Er drohte ihnen mit Entlassung, wenn sich so eine Szene wie mit Wajsblums Schwester wiederholen sollte. Die Frauen, die sich auf dem Appellplatz versammelt hatten, hielten den Kopf gesenkt, obwohl der Lagerkommandant zur Abschreckung befohlen hatte, zum Galgen zu blicken.

Nachdem die Körper der ersten beiden Frauen eine Viertelstunde lang am Gerüst gehangen hatten, nahm der Dicke Jakob sie ab und bereitete die Hinrichtungsstätte für die nächsten beiden vor. Der Gang zum Galgen verlief ohne weitere Zwischenfälle, bis der Dicke Jakob schließlich die Stühle, auf denen die Opfer standen, wegzog. Später hörte ich, dass der Kommandant bei der zweiten Hinrichtung den Kopf abgewandt hatte.

Die Namen dieser Frauen, die nur zwölf Tage vor der Aufgabe von Auschwitz-Birkenau hingerichtet wurden, dürfen nicht in Vergessenheit geraten. Und zwar weder ihre noch die all derer, die – namentlich bekannt oder anonym – ihr Leben für die Freiheit geopfert haben. Nur so kann Hass und Krieg besiegt werden und wieder Frieden unter den Menschen einkehren. Das wäre eine tiefe, dankbare Verneigung vor dem Opfermut dieser Frauen.

Aufstand und Vergeltung

In den zwei Jahren, die ich in Auschwitz verbrachte, gab es nur zwei größere Erhebungen gegen die SS. Die Keimzelle lag beide Male in den Krematorien von Birkenau. Beide Aufstände scheiterten.

Im Mittelpunkt des ersten im September 1943 stand eine Italienerin unbekannter Identität. Der versuchte Aufstand fand unter dramatischen Umständen statt und nahm ein schlimmes Ende, nicht nur für unmittelbar Beteiligte, sondern auch für weitere 3 000 Israeliten, die kurz zuvor in Auschwitz angekommen waren und sofort selektiert wurden.

Im Oktober 1943 waren die ersten italienischen Israeliten angekommen. Dieser Transport wurde sofort zur Gänze vergast. Niemand von ihnen betrat auch nur das Lager, kein einziger Gefangener wurde registriert, keine einzige Häftlingsnummer wurde vergeben.

Als der zweite Transport eintraf, kam es zur Revolte, die in einem großen Gemetzel endete. Zu der Zeit waren alle Krematorien voll ausgelastet. Wie beim ersten Transport verzichtete man auf die Aussortierung der üblichen zehn Prozent für die Arbeitskommandos. Die SS hatte beschlossen, alle in die Gaskammern und Öfen zu schicken. Diese Informationen habe ich von einem Überlebenden des Sonderkommandos erhalten. Die Kunde dieser Ereignisse erreichte uns Gefangene zwar erst einige Stunden später, aber wir merkten es schon an der deutlich spürbaren Unruhe unter den SS-Leuten.

So kam es dazu: Im Umkleideraum, der dem „Duschraum" vorgeschaltet war, weigerte sich eine italienische Israelitin, sich ganz auszuziehen – vielleicht, weil sie sich genierte. Als sie nun angezogen – oder besser gesagt im langen Hemd, denn ihren Rock hatte sie schon abgelegt – durch die Tür gehen wollte, stellte sich ihr ein SS-Mann in den Weg. Er stieß sie heftig zurück und wollte sie zwingen, sich vollkommen auszuziehen. Dann passierte etwas noch nie Dagewesenes: Anstatt sich zu fügen, stürzte sich die Frau wie eine Furie – oder auch nur außerordentlich mutig – auf den Mann, riss ihm die Waffe vom Gürtel und begann auf alle anwesenden SS-Soldaten, Offiziere und Wachen zu feuern. Binnen Kurzem waren die Italiener Herr der Lage und erbeuteten die Waffen der getöteten SS-Mannschaft. Doch die Freude der Widerständler währte nicht lange. Neue SS-Kräfte rückten mit schweren Maschinengewehren an. Sie umringten das Gebäude, in dem sich die Aufständischen befanden. Was konnten 500 Menschen erreichen, die – eingeschlossen und umzingelt – in der Mausefalle saßen? Sie hatten nur ein paar Pistolen. Die SS-Truppe hingegen war bis an die Zähne mit schweren Maschinengewehren und anderem Kriegsgerät bewaffnet. So fanden die 500 Eingeschlossenen rasch den Tod.

Diese Rebellion hatte Folgen: Als Vergeltungsmaßnahme verschleppten die Nazis 3 000 unbeteiligte Israeliten an einen unbekannten Ort. Über ihr Schicksal hat man nie etwas erfahren.

Der zweite Aufstand ereignete sich kurz darauf, und zwar noch im selben Jahr, Anfang Herbst 1944. Aber dieser Versuch war richtig geplant und wesentlich wirkungsvoller.

Ich bin stolz darauf, dass Landsleute von mir, nämlich griechische Israeliten, diesen zweiten Aufstand mitorganisiert haben. Auch Russen und Polen beteiligten sich daran, die genauso wenig bereit waren, den Nazis zuzuarbeiten. Sie überlegten, was wichtiger war: die Zerstörung der Krematorien oder die Flucht aus dem Lager. Wären sie aus dem Lager geflohen, hätten die Nazis sofort für Ersatz gesorgt und die Arbeit in den Krematorien wäre weitergegangen. Daher entschied man sich für die Zerstörung der Krematorien, in der Hoffnung, die tagtägliche Verbrennung tausender Menschen dadurch zu unterbrechen. Andere Gefangene würden von dieser Tat profitieren und der Albtraum der Krematorien endlich ein Ende finden. Aber wir konnten immer noch nicht richtig abschätzen, wozu die Nazis in der Lage waren. Ihnen war nicht im Geringsten zu trauen. Ihre Gier nach Tod und Vernichtung war unstillbar.

Nur, wie konnte man die Krematorien zerstören? Diese Frage beschäftigte die Rebellen einen ganzen Monat lang. Schließlich half ihnen göttliche Fügung. Die vier Frauen, die in der Union-Munitionsfabrik arbeiteten und später gehängt wurden, kamen auf sie zu. Aus der Fabrik schmuggelten sie Schießpulver heraus, das über befreundete

Mittelsmänner zu den Aufständischen gelangte. Damit konnten die Krematorien gesprengt werden.

Das Feuer sollte in Krematorium IV ausbrechen und es zerstören. Damit wollten die Rebellen die SS überraschen. Danach sollten die restlichen Krematorien gesprengt werden. Eine große Menge Schwarzpulver, das in Krematorium IV gelagert wurde, sollte die Explosionen auslösen. Danach wäre nur noch das Krematorium V intakt. Laut Plan sollte es nach den ersten drei ebenfalls in Brand gesetzt und zerstört werden.

Die Mitglieder des Sonderkommandos waren am Tag des geplanten Aufstands die ganze Zeit sehr unruhig. Angespannt warteten die Gefangenen auf das verabredete Zeichen. Der Überraschungscoup war für mittags zur Essenszeit geplant. Die gesamte SS-Wachmannschaft würde in der Mensa und nur die Wachposten beim Sonderkommando sein.

Diese kleine Truppe der Wachposten sollte für die Rebellen leicht zu überwältigen sein. Es ging auf 12 Uhr zu. Die Widerständler warteten mit dem Henkelmann in der Hand auf die Essensausgabe. Ein Pfiff ertönte – das vereinbarte Zeichen. Alle gingen auf ihre Posten.

Aber etwas Ungewöhnliches passierte. Die SS-Leute, die sich in der Regel um diese Uhrzeit im Speisesaal befanden, hatten ihre Posten an den Krematorien nicht verlassen. Der Plan war verraten worden. Ein vollkommenes Desaster! Dennoch wurde nach dem Signalpfiff Feuer gelegt, die Krematorien I und II wurden gesprengt. Große Schäden entstanden und die Krematorien waren danach eine Zeit lang unbrauchbar.

Leider traf die Verstärkung für die SS-Leute sehr schnell ein. So mussten sich die Aufständischen auf den Block beschränken, in dem die Krematorien II und III untergebracht waren. Sie wurden in Brand gesteckt. Doch damit war das Sonderkommando jetzt doppelt bedroht. Auf der einen Seite war das Feuer, das sie selbst gelegt hatten, auf der anderen die SS-Männer, die den Block belagerten und niemanden aus den lodernden Krematorien entkommen ließen.

Die Gefangenen entschieden sich, alles auf eine Karte zu setzen und ihr Leben der Freiheit zu opfern. Sie unternahmen einen heldenhaften Ausbruchsversuch. Aber niemand konnte dem Kugelhagel der Maschinengewehre entkommen. Von den 1 500 Gefangenen des Krematoriumskommandos waren am Schluss nur noch 213 am Leben. Und diese überlebten dann auch nur durch Zufall.

Am Tag des Aufstands hatte das Sonderkommando nämlich jede Menge zu tun. 15 000 gestapelte Leichen warteten im Keller darauf, verbrannt zu werden, hinzu kamen jetzt noch die Gefallenen des Aufstands. Um nicht noch mehr Leichen beseitigen zu müssen, sahen sich die Deutschen gezwungen, die 250 Überlebenden nicht zu töten, sondern stattdessen für das Einsammeln der Leichen einzusetzen, die dann im einzigen Krematorium verbrannt wurden, das noch intakt geblieben war. Das war die Rettung der Überlebenden.

Wenige Tage später kam ein neuer Transport an. Es waren Franzosen, die unverzüglich ermordet und verbrannt werden sollten. Das war der letzte Israelitentransport, denn in den von den Deutschen besetzten Ländern gab es keine zu Deportierenden mehr. Aus Frankreich konnten, nach den Erfolgen der Alliierten, keine Israeliten mehr verschleppt werden und auch die Transporte aus Norwegen hatten aufgehört.

Der Aufstand vom 7. Oktober 1944 blieb der letzte Akt des Widerstands. Drei Monate später wurde Auschwitz geräumt.

Zum Abschluss führe ich die Namen der mutigen griechischen Israeliten auf, die am Aufstand des Sonderkommandos teilgenommen haben: Alberto Errera, Hugo Barouch Venezia, Andre Nachama Kapon, Iosef Barouch, Ioakov Broudo, Dani Marc Nachmias, Alberto Tzachon, die zwei Brüder Selomo, Mois Venezia, Isaak Venezia (Überlebender), Daniel Bennachmias (Überlebender).

Die Namen anderer griechischer Israeliten, die am Aufstand beteiligt waren, sind in den Wirren der Geschichte verlorengegangen. Ihre Tat wird jedoch all jenen für immer im Gedächtnis bleiben, die durch die Schrecken von Auschwitz gegangen und am Leben geblieben sind.

Spionage

Obwohl Spionagetätigkeit immer mit unzähligen Risiken verbunden war, gab es auch in Auschwitz Agenten der Alliierten, die sich als Gefangene ausgaben. Sie wurden genauso wie die anderen Insassen behandelt, aber sie fanden einen Weg, mit den Widerstandsgruppen zu kommunizieren, die rund um das Lager aktiv waren.

Im November 1944 kam es zu einem weiteren ernsten Zwischenfall, der zwei Folgen nach sich zog: 1) Er verstörte die SS, und 2) der Betrieb der Krematorien wurde nach diesem Zwischenfall eingestellt, es gab keine Leichenverbrennungen mehr. Kurze Zeit später wurden die Krematorien dann abgerissen.

Es muss in der letzten Novemberwoche 1944 gewesen sein. Nach so vielen Jahren fällt es mir schwer, mich an das genaue Datum dieses Vorfalls zu erinnern. Eine Kommission von ranghohen Offizieren der Wehrmacht war ins Lager gekommen, um sich mit dem Lagerkommandanten zu treffen. Aufgabe der Gruppe war es angeblich, das Leben der Gefangenen zu untersuchen und fotografisch zu dokumentieren.

Die Lagerleitung schöpfte keinerlei Verdacht und kam auch nicht auf die Idee, sich bei der „Berliner Inspektion der Konzentrationslager" abzusichern. Nachdem die Kommission die Männer- und Frauenlager inspiziert hatte, wurde sie zu den Krematorien geleitet. Dort begann eine eingehende Untersuchung der Abläufe, die auch mit der Kamera festgehalten wurden. Zwei Tage lang weilte die Gruppe zur Inspektion in Auschwitz. Fünf Tage nach ihrer Abreise platzte die Bombe, etwas bis dahin Undenkbares war passiert. Die Mitglieder dieser „Kommission", die angeblich auf Weisung von ganz oben angereist war, stammten aus einem Spionagering, der nicht im Ausland, sondern in Deutschland selbst aktiv war.

Diese fantastische Leistung der alliierten Spione war in aller Munde. Wir haben allerdings nie herausgefunden, was aus den tapferen Männern geworden ist, die sich auf eine dermaßen gefährliche Mission eingelassen hatten. Vielleicht leben sie irgendwo in völliger Vergessenheit, ohne dass jemand von diesem Husarenritt weiß.

Natürlich existierte auch ein Spionagering der lokalen Widerstandsgruppen. Die Spione unter den Gefangenen fotografierten Krematorien, Anlagen, Installationen und Truppenbewegungen und übergaben diese Informationen dem Widerstand, von wo aus sie den Weg nach London oder Moskau fanden.

Aus sicherer Quelle habe ich später erfahren, dass diese „Kommission" ihre lebensgefährliche und wertvolle Aufgabe erfolgreich abgeschlossen und den Alliierten wertvolle Informationen in die Hände gespielt hatte. Mittlerweile bereiteten die Russen eine große Offensive vor, die später die deutsche Ostarmee auslöschen sollte. Der Abriss der Krematorien begann eine Woche nach dem Besuch der angeblichen Kommission und zwei Monate vor Ankunft der Russen. Der gesamte Lagerbereich wurde eingeebnet, keine Spur wies mehr auf die schreckliche Tragödie hin, die sich an diesem Ort abgespielt hatte.

Mein Leben im Konzentrationslager Auschwitz

In Auschwitz lebte ich genauso wie alle anderen Kameraden auch. Nur, dass es sich einige unter ihnen ganz bequem eingerichtet hatten.

An dieser Stelle möchte ich daran erinnern, dass es Häftlinge gab, die von zu Hause weder Bettwäsche noch Federdecken kannten. Sie hätten sich kaum getraut, Bettzeug anzurühren. Im Vergleich dazu lebten sie hier wie die Könige. Ihnen hat es an Essen und Schlaf nie gemangelt. Und vor allem hatten sie viele Gelegenheiten, ihre Mitmenschen zu misshandeln.

Ich war ständig hungrig und selbst im Bett fror ich erbärmlich. Mein Körper schmerzte von der schweren Arbeit, die ich verrichten musste, und von den Schlägen der Aufsicht. Aber bei Weitem das Übelste war der Terror, dem wir täglich ausgesetzt waren, und der Schrecken der andauernden und grundlosen Strafen, die so manchem das Leben kosteten. Ein typisches Mittel waren die brutalen Prügelstrafen, die in allen Lagern gleich waren. Dazu kam die ständige Angst, in die Gaskammern geführt und dann eingeäschert zu werden, wenn man schwach war oder auch nur so wirkte.

Meine Position war nicht besser als die der anderen Gefangenen. Ich versuchte einzig und allein, einen weiteren Tag zu überleben. Nie dachte ich darüber nach, was mich am nächsten Tag erwartete.

In Auschwitz freundete ich mich mit Leon Fabian an, einem 15-jährigen Israeliten belgischer Staatsangehörigkeit. Seine Familie war von den Nazis ermordet worden.

Er war mutterseelenallein. Wir hatten beschlossen, sollten wir jemals lebend aus dieser Hölle herauskommen, gemeinsam nach Griechenland zu ziehen. Er sollte bei meiner Familie leben. Unser Traum ist jedoch nicht in Erfüllung gegangen. Er ging zugrunde und ich kehrte ohne ihn nach Griechenland zurück. Sein Tod war ein schwerer Schlag für mich und ich beweinte ihn in tiefer Trauer wie einen leiblichen Bruder.

Erst ein paar Monate nach unserer Ankunft hörten wir wieder etwas von meiner Mutter und meiner Schwester. Zum Glück waren beide am Leben und gesund. Das stärkte meine Zuversicht und meine Hoffnung auf die Zukunft.

Vom meinem ersten Tag in Auschwitz an blieb ich beim selben Arbeitskommando. Und zwar arbeitete ich, zusammen mit meinem Vater, in der Schneiderei. Durch Näharbeiten per Hand und mit der Maschine habe ich viel vom Schneiderhandwerk gelernt. Und wenn es mal keine Näharbeit gab, stopfte ich Socken. Das war keine besonders angenehme Arbeit. Die Socken kamen, da sie nur unzureichend gewaschen waren, schmutzig zu uns und stanken so übel, dass ich mir die Nase zuhalten musste.

Jeden Tag sollten mindestens 40 Paar gestopft werden, andernfalls konnte ich gleich Selbstmord begehen. Der geringste Vorwand genügte unserem Kapo, uns dermaßen hart zu schlagen, dass uns nicht mal Kraft zum Protestieren blieb. Das Motto „Je lauter du dein Recht einforderst, desto besser" galt hier nicht. Auf jeden Fall war es besser, wie ich schon früher erwähnt habe, sich auch hier taub und blind zu stellen und zu versuchen, die Aufträge so gut wie möglich zu erledigen. Wer zu viel redete, hatte nicht lang zu leben.

Monate sollten vergehen, ehe ich Mutter und Schwester wiedersah. Und das auch nur aus einer Entfernung von 100 m. Ich wagte es nicht, eine Geste der Begrüßung zu machen, denn das hätte unangenehme Folgen haben können. Danach sah ich sie ziemlich regelmäßig, wenn auch nur von Weitem. Erst nach 17 Monaten konnten wir uns endlich aus der Nähe sehen und ein paar Worte wechseln. Hätte man mich allerdings dabei erwischt, wäre ich dem Karzer nicht entkommen.

Die Nazis kannten so etwas wie Familienbande nicht. Für sie gab es keine Entschuldigung, nicht einmal dann, wenn man nur kurz mit der eigenen Mutter sprechen wollte. Man hätte mich sofort aus meinem Arbeitskommando genommen und in eine Strafkompanie gesteckt. Und dort waren die Überlebenschancen gering. Andererseits hätte man auch die Frauen zu einem Strafkommando verdonnern können, was ebenfalls ihren sicheren Tod bedeutet hätte.

Wie oft habe ich am Stacheldraht vergeblich auf das Kommen meiner Mutter gewartet! Besonders verdrießlich war, wenn ich meine Mutter zwar sehen, mich ihr aber nicht nähern konnte, weil SS-Wachen patrouillierten. Die Gefahr wäre zu groß gewesen, denn uns trennten zwei Reihen Hochspannungs-Stacheldrahtzaun und eine Reihe von Wachtürmen.

Fast zwei Jahre hatte ich in Auschwitz verbracht und war irgendwie durchgekommen. Ich habe, wie so viele der anderen Überlebenden, oft darüber nachgedacht: Warum lebe ausgerechnet ich, wenn so viele andere sterben mussten? War es Schicksal? Oder war es einfach nur Glück und Zufall?

Mein Vorteil war, dass ich meinen Vater immer an meiner Seite hatte. In jeder Situation konnte ich auf seinen Rat bauen. Ohne ihn hätte ich diese grausame Knechtschaft kaum überstanden. In Auschwitz bin ich durch sieben Selektionen gegangen – und nicht ausgemustert worden. Ich überlebte den Hunger des Lagers, obwohl unsere Versorgung lediglich aus Kartoffeln und Kartoffelschalensuppe bestand. Nur zu Weihnachten gab es größere Portionen. Die Brotmenge blieb aber immer unverändert gering.

Ich überlebte die bis zur Erschöpfung anstrengende Arbeit. Wir arbeiteten jeden Tag mit Ausnahme einiger christlicher Feiertage. Die Tätigkeiten waren hart, das Essen knapp und die medizinische Versorgung im Krankheitsfall unzureichend. Die Arbeit war eintönig, aber wir haben mit allen Mitteln versucht, unser tristes Leben aufzuheitern. Wir sangen und ignorierten die Schläge der SS. Aber sehr oft war uns das Herz schwer und unser Gemüt tief betrübt. Jeder von uns hatte geliebte Menschen und Freunde verloren. Und es war uns nicht einmal erlaubt, sie zu betrauern.

Wir stellten uns die Frage: Wieso ließ Gott uns bloß sterben, ohne Rache an denen zu üben, die uns so große körperliche und emotionale Pein zufügten? Wir klammerten uns an den Glauben, dass wir früher oder später doch noch gerettet würden. Wir hofften inständig, diesen herrlichen Tag noch zu erleben.

Wer waren diese Nazis, diese Anhänger von Hitlers „Neuer Ordnung"? Oft dachte ich im Bett – oder besser gesagt auf meiner Strohmatte – darüber nach, wie feige die Nazis doch waren, Frauen und Kinder zu töten und Minderheiten auszulöschen.

18. Januar 1945

Diesen Donnerstag werde ich aus zwei Gründen nie vergessen. Erstens, weil an diesem Tag Auschwitz evakuiert wurde, da am nächsten Tag die Russen eintreffen sollten, und zweitens, weil eine Art Wunder geschah.

Das Wetter war gut, aber sehr kalt. Der Befehl des Kommandanten lautete, ein paar Männer aus jedem Kommando sollten unter der Leitung eines Kapos die jeweilige Arbeitsstelle säubern. Nichts sollte unaufgeräumt bleiben, die Russen sollten alles ordentlich vorfinden. So dachte ich zumindest. Das betraf auch unser Kommando und einer der ausgewählten Männer war ich.

Mein Vater sollte im Stammlager bleiben und auf mich warten. Danach würden wir gemeinsam das Lager verlassen. In der Näherei erwartete uns eine Menge Arbeit. Stühle waren durcheinandergewirbelt worden und Wäsche lag auf dem Boden verstreut. Wir begannen sofort mit dem Aussortieren.

Als wir fast fertig waren, gab es Alarm. Da schon einmal die Gebäude der Gefangenen bombardiert worden waren, hätte es normalerweise geheißen, wir sollten uns auf den Weg zum Stammlager machen, wo wir in Sicherheit wären. Diesmal ließ uns der Kapo aber nicht ins Lager zurückkehren. Er wollte, dass wir die zugewiesene Arbeit zu Ende führten.

Bei der Erinnerung an folgende Szene kommt mir immer noch das Schaudern, sie ist unvergessen: Das Arbeitskommando meiner Mutter lief auf die Baracke zu, die gegenüber von unserer Näherei stand. Ich hielt das für eine gute Gelegenheit, mit ihr zu sprechen. Weit und breit war kein SS-Mann zu sehen, niemand würde uns stören. Selbst wenn mich eine SS-Wache mit einer Frau hätte sprechen sehen, hätte man mich vielleicht in Ruhe gelassen, es war ja unser letzter Tag im Lager.

Ich stieg also die Treppe hinunter und näherte mich dem Stacheldraht, der mich von Mutter und Schwester trennte. Vorsichtig blickte ich mich nach allen Seiten um. Als ich sicher war, dass keine Menschenseele zu sehen war, lief ich auf den Stacheldraht zu, konnte jedoch nur ganz kurz mit ihnen sprechen. Erstens, weil ich Angst hatte, erwischt zu werden, und zweitens, weil der Kapo nach mir rief, ich sollte mich einreihen, es gehe zurück ins Stammlager.

Es fiel mir sehr schwer, mich von ihnen loszureißen. Ich wusste, es würde lange bis zu einem Wiedersehen dauern. Möglicherweise begann jetzt erst der schwierigste Teil unseres Lebens in Gefangenschaft. Wir konnten damals nicht wissen, ob wir diese Hölle lebend überstehen würden.

Ohne Rücksicht auf Verluste näherte ich mich so weit wie möglich und schickte Mutter und Schwester Handküsse durch den Stacheldraht. Dieser wunderbare Moment hat sich tief in mein Gedächtnis eingebrannt und wird dort für immer lebendig bleiben.

Kurz darauf befand ich mich in der Kolonne auf dem Rückweg ins Lager. Ich ging erhobenen Hauptes, traute mich aber nicht, zurückzublicken. Ich ahnte, dass mich beim Anblick von Mutter und Schwester Wehmut überkommen würde, und ich wollte nicht, dass mir die Tränen kamen. Jetzt mussten wir alle stark sein. Für Rührung war keine Zeit. Nur durch die Courage, die mir der Segen meiner Mutter verlieh, habe ich es schließlich geschafft, alle Torturen zu überstehen.

Wenn ich mich rückblickend an das Essen in Auschwitz erinnere, dann gab es nur zu Weihnachten etwas Besseres, jedoch nur von der Qualität, nicht von der Quantität her. Mengenmäßig war es sogar weniger als sonst, da es nicht genug Kartoffeln gab. Das Weihnachtsessen bestand aus sechs bis acht Salzkartoffeln und einem halben Liter Wassersuppe, für die keine einzige Kartoffel verwendet worden war.

Trotzdem konnte man sagen, dass wir zu Weihnachten etwas besser aßen. Obwohl unser Körper auch an anderen Tagen mehr Nahrung benötigt hätte, blieb die Brotmenge immer unverändert gleich gering.

Heiligabend ruhte die Arbeit, bis auf die besonderen Dienste. Das waren „nichtkommandierte" Einsätze, also Arbeiten, die ein Kommando außerhalb des regulären Programms verrichten musste. Solche außerordentliche Einsätze waren entweder einem hohen Arbeitsaufkommen geschuldet oder weil die SS es willkürlich so bestimmte, um die Häftlinge zu schikanieren.

Zu Silvester und Neujahr gab es kein offizielles Arbeitsprogramm. Die Arbeiten ruhten für einen halben Tag – lange genug für die Würdigung des Jahreswechsels.

Konzentrationslager Auschwitz
Personenbeschreibungen

Ich möchte einige Personen beschreiben, die ich im Stammlager Auschwitz kennenlernt habe. Dort offenbarte jeder Einzelne seinen wahren Charakter. Das lag daran, dass der Hungernde – und das war jeder von uns – zum Diebstahl gezwungen war, wenn nicht gar zum Töten, um mehr essen zu können als das, was ihm zustand, oder das, was andere bekamen.

Im normalen Leben hält man oft einen Freund für aufrichtig, der sich um einen bemüht und der einem schöntut. Findet man sich mit so einem „Freund" in einem Lager wieder, merkt man, wie anders er hier ist. Hat er Glück mit dem zugeteilten Kommando, kommt er gut an Essen und muss weniger als andere leiden, existierst du nicht mehr für ihn. Er schaut sich nicht mehr nach dir um und schämt sich oft, mit dir gesehen zu werden. Seine privilegierte Stellung kann ihn sogar zum Töten verleiten, um die Gunst und das Vertrauen der SS zu erwerben oder zu erhalten.

Ich will mich hier auf die Beschreibung einiger weniger Personen beschränken. Manche haben Mitgefangenen geholfen, andere machten genau das Gegenteil und haben Kameraden auf dem Gewissen.

Aaron Rosa

Die Griechen im Stammlager Auschwitz können sich glücklich schätzen, dass im Häftlingskrankenbau, der eher ein SS-Krankenhaus war, Aaron Rosa arbeitete. Rosa hatte in Thessaloniki die kleine Apotheke „Zion" auf der zentralen Via Egnatia geführt.

In Auschwitz hatte er das Glück, in der SS-Apotheke arbeiten zu dürfen. Er war ein bescheidener Mann, der sich nie über andere stellte. Unsere Landsleute nannten ihn „Vater der Griechen". Was tat der gute Rosa insbesondere für die Griechen? Er brachte ihnen Arzneimittel aus der Apotheke, weil Medikamente im Lager eine Seltenheit waren. Sie wurden mehr oder weniger immer benötigt, sei es gegen Kopfschmerzen oder Vitaminmangel.

Aaron Rosa, immer gutmütig und nie abweisend, fand immer einen Weg, etwas zu besorgen, er war die Güte in Person. Jedes Versprechen war ihm heilig. Alle Griechen, die er retten konnte – und das waren nicht wenige – schulden ihm unendlich großen Dank.

Nur leider lebten gütige Menschen in den Lagern nicht lange. Er starb unter schrecklichen Qualen, nur zehn Tage bevor das Lager Ebensee von den Amerikanern befreit wurde.

Das kam so: Er war sich im KZ Ebensee mit seinem Kapo wegen einer Arbeitszuteilung in die Haare geraten. Der Kapo schlug zu. Rosa war außer sich, da er sich ungerecht behandelt fühlte – und schlug zurück. Das wurde als Akt des Widerstands gegen die Autorität der Nazis betrachtet. Der Täter sollte zur Abschreckung sehr hart bestraft werden. Am 29. März wurde ich Zeuge einer beispiellosen Tragödie: In Gegenwart aller versammelten Gefangenen und aller SS-Männer, die zu dem Zeitpunkt dienstfrei hatten, wurde Rosa mit 300 Peitschenhieben auf das Gesäß bestraft. Danach wurde er auch noch von den SS-Männern bespuckt und getreten. Diese Marter bedeutete sein Ende. Er wurde ins Krankenhaus gebracht, wo er 20 Tage später unter schrecklichen Qualen starb. Alle Griechen, die in Auschwitz waren, sollten Rosa und alles, was er für sie in diesen elenden Zeiten getan hatte, in lebhafter Erinnerung bewahren. Er war eine Ausnahmeerscheinung.

Emil Beloff (Häftlingsnummer 15542)

Emil war Deutscher. In seinem bürgerlichen Leben war er wiederholt wegen diverser Straftaten angeklagt und hatte den Ruf, zwischen den Jahren 1925 und 1930 Deutschlands Meisterdieb gewesen zu sein. Dabei hat er allerdings keinen einzigen Armen geschädigt. Er bestahl nur die Wohlhabenden und teilte seine Beute mit den Armen.

Das hielt er auch im Lager so. Emil hatte viele Bekannte, die in privilegierten Arbeitskommandos arbeiteten und so an üppige Nahrungsmittelvorräte kamen, von denen auch andere profitieren konnten. Emil nahm das Angebot dankend an – besser gesagt, er stahl die Lebensmittel und brachte sie in Block 1, wo er – und auch ich – untergebracht waren.

Dort verteilte er die Lebensmittel an junge Menschen und an alle, die akut unterernährt waren. Jeden Tag stattete er der Küche, in der seine Freunde arbeiteten, einen Besuch ab und kehrte stets mit großen Brotvorräten zurück. Es gab Tage, an denen er in unserem Block mehr als 25 Brotlaibe verteilte.

Solche Aktionen machten ihn glücklich. Kurz vor der Auflösung des Lagers wurde es aber sogar für ihn schwer, Lebensmittel zu stehlen. Er litt unter der Bürde, kaum noch Brot verteilen zu können. Nervös ging er im großen Schlafsaal auf und ab und murmelte vor sich hin.

Bei der ersten sich bietenden Gelegenheit kehrte er aber wieder mit vollen Händen zurück. An Tagen, an denen nichts zu holen war, ging er zu seinen „Abnehmern" und entschuldigte sich, dass er mit leeren Händen kam. Er war schon Mitte 50, doch seine Denkweise und sein Verhalten ließen ihn viel jünger wirken.

Kamen wir ins Gespräch, war ich jedes Mal erstaunt über die Abenteuer in seinem „früheren Leben". Er hatte einige der größten deutschen Banken ausgeraubt, ohne gefasst zu werden. Seine Karriere nahm jedoch ein unrühmliches Ende, denn er wurde wegen einer Bagatelle verhaftet.

Beloff vermittelte den Eindruck eines großen Abenteurers, da er ganz Europa bereist hatte. Außerdem liebte er es, anderen Streiche zu spielen. Was aus ihm wurde, habe ich nie erfahren. Die Russen müssen ihn befreit haben, als sie Oberschlesien besetzten.

Als ich ihn zum letzten Mal sah, war er wohlauf. Er befand sich im Krankenhaus und hatte beschlossen, so lange auszuharren, bis ihn das Glück vor Ort höchstpersönlich aufsuchte.

Ignaz Stolčíček (Häftlingsnummer 25351)

Stolčíček war Kapo in der Näherei, in der ich mit meinem Vater arbeitete. Er war fettleibig und liebte das gute Leben. Er war dermaßen egoistisch und ehrgeizig, dass er behauptete, nach dem Krieg werde er sich so viele Bedienstete halten, wie ihm auch jetzt in der Näherei zur Verfügung standen. Er hatte ein widerliches Lachen, hielt sich für überlegen und glaubte, einzigartig zu sein. Stolčíček schlug bei den Gefangenen hart zu und behauptete trotzdem, er sei der beste Kapo im Lager. Die Wahrheit war natürlich eine andere.

In seinem Kommando waren die Gefangenen wahre Arbeitssklaven. Jeder seiner Wünsche war uns Befehl, der ohne Zögern auszuführen war. Wehe dem, der sich nicht fügte und die Befehle nicht prompt ausführte, er setzte sein Leben aufs Spiel. Wir zitterten vor Stolčíček und schickten ihn unzählige Male zum Teufel. Wie schön wäre es gewesen, wenn sich dieser Wunsch erfüllt hätte ...

Stolčíček behauptete von sich, Kommunist zu sein, doch im Grunde war er, Sohn eines Metzgers, nur eine abstoßende Person. Darüber hinaus gefiel er sich darin, fantastische Abenteuer zu erzählen, obwohl er seinen Geburtsort niemals verlassen hatte. Ihm waren alle egal, nicht einmal vor den Älteren, die in unserem Arbeitskommando arbeiteten, zeigte er Respekt.

Mindestens 100 Gefangene wurden von Stolčíček selbst oder auf seine Anweisung hin ermordet. Nie hat er jemandem zur Rettung verholfen. Er starb den Tod, der Verrätern vorbehalten war: Kurz nach Befreiung des Lagers wurde er wie ein Hund zur Strecke gebracht, bekam also das, was er verdiente. Stolčíček gehörte zu der

Sorte von Häftlingen, die gern den Ton angaben und sich auf ihren Lagerposten etwas einbildeten. Dabei konnten viele von ihnen nicht einmal den eigenen Namen schreiben.

Familie Kounio, einige Jahre vor der Deportation

Kinderfoto von Heinz S. Kounio

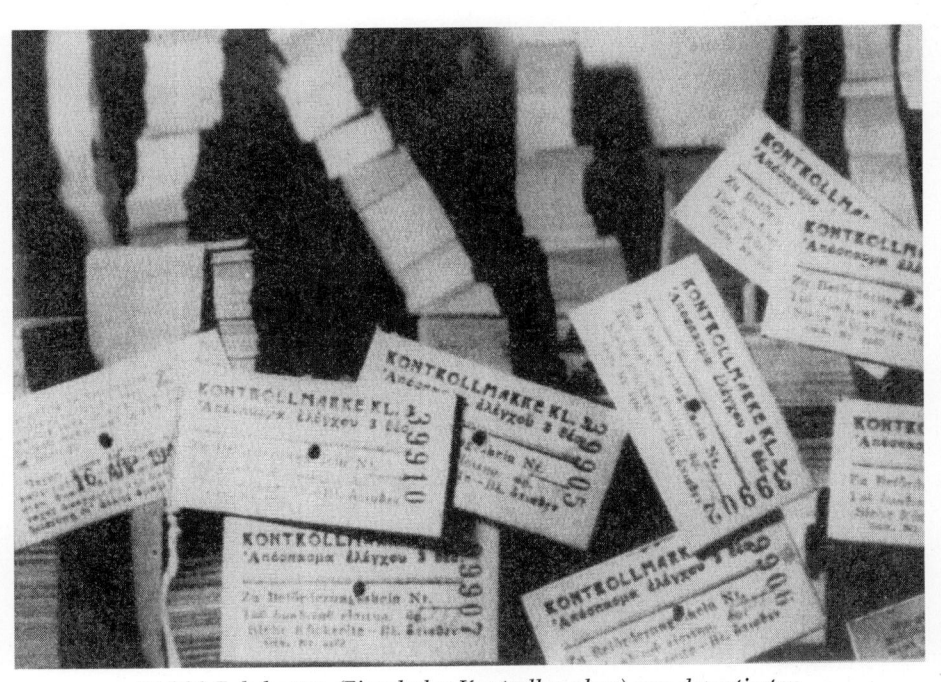

54 000 Fahrkarten (Eisenbahn-Kontrollmarken) von deportierten
griechischen Israeliten aus Thessaloniki.
Ihnen wurde erklärt, man würde sie lediglich umsiedeln.
Sammlung, Staatliches Museum Auschwitz-Birkenau

Konzentrationslager Auschwitz – Akte Heinz S. Kounio
Sammlung, Staatliches Museum Auschwitz-Birkenau

Die folgenden Fotoaufnahmen stammen von
Salvator Kounio, dem Vater des Autors.
Kurz nach der Befreiung des Konzentrationslagers Ebensee
durch die US-Armee unterhielt er sich mit einem
amerikanischen Hauptmann.
Salvator Kounio beherrschte mehrere Fremdsprachen und
war gelernter Fotograf.
Der US-Offizier drückte ihm sodann einen Fotoapparat in
die Hand und lud ihn ein, ihn in verschiedene Lager im
Umfeld von Ebensee zu begleiten.
Der Offizier forderte ihn auf:
„Nehmen Sie alles auf, was Ihnen vor die Linse kommt."

So trug Salvator Kounio umfangreiches fotografisches
Material zusammen. Von den US-Behörden erhielt er einen
vollständigen Satz von Abzügen. Darunter war auch ein
Bild von seinem Sohn Heinz S. Kounio, der sich mit
gerade einmal 35 kg in einem erbärmlichen
gesundheitlichen Zustand befand.

Konzentrationslager Mauthausen
Amerikanische Soldaten untersuchen im Krematorium Aschereste.

Konzentrationslager Ebensee – Das Krematorium nach der Befreiung

Konzentrationslager Ebensee
Befreite Insassen

Konzentrationslager Ebensee
Nach der Befreiung helfen sich die ehemaligen Insassen gegenseitig beim Waschen, insbesondere denjenigen, die es wegen Erschöpfung nicht mehr selbst schaffen.

Konzentrationslager Ebensee – Nach der Befreiung zwang die amerikanische Armee Amtsträger der Stadt Ebensee, sich um ehemalige Insassen zu kümmern. Sie hatten behauptet, keine Ahnung von der Existenz des Lagers gehabt zu haben. Hier ist die deutsche Ehefrau eines Honoratioren beim Waschen eines Entkräfteten zu sehen.

Konzentrationslager Ebensee
Die amerikanische Armee zwingt SS-Männer und Bewohner der Stadt Ebensee, die Leichen der verstorbenen Häftlinge eigenhändig zu begraben. Nach der Befreiung gab es im Lager noch etwa 2 000–3 000 Leichen, die noch nicht verbrannt worden waren. Die US-Armee verpflichtete Bewohner von Ebensee, die Leichen, die sich noch im Krematorium befanden, zusammenzutragen und sie in ein Massengrab zu legen. An dieser Stelle befindet sich heute der Friedhof des Lagers und eine entsprechende Gedenktafel. Danach konnte niemand mehr behaupten, ahnungslos gewesen zu sein – obwohl die Krematorien ständig in Betrieb waren, sich bei Nebel der Rauch der Schornsteine über die gesamte Gegend legte und der Ort dann ekelerregend nach verbrannten Körpern gestunken haben muss.

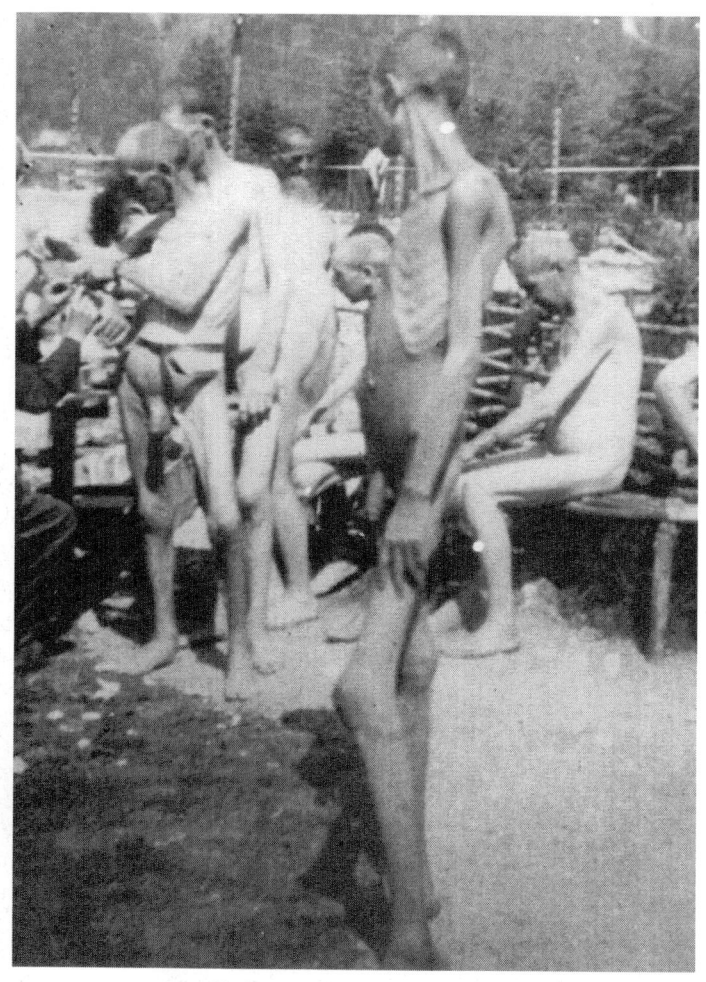

Konzentrationslager Ebensee
Im Vordergrund der Autor Heinz S. Kounio. Bei der Befreiung des Lagers befand er sich in einem Zustand lebensbedrohlicher Erschöpfung. Eine spätere Befreiung hätte sicher seinen Tod bedeutet.

*Konzentrationslager Ebensee – Heinz S. Kounio (Mitte) in körperlich wiederhergestelltem Zustand mit anderen ehemaligen Insassen beim Aufspüren von geflohenem Lagerpersonal in den umliegenden Wäldern.
Links der Blockschreiber Giorgos Skiadas.
Die Kleidung stammte vom Roten Kreuz.*

Konzentrationslager Ebensee
*Heinz S. Kounio etwa einen Monat nach der Befreiung und kurz vor seiner Rückkehr nach Griechenland. Durch die fürsorgliche Behandlung im Krankenhaus und nahrhafte Kost war er wieder wohlauf.
Das Martyrium war nun endlich vorbei.*

*Hochzeit von Shelly (Rachel) und Heinz S. Kounio in der
Monastiriotes-Synagoge in Thessaloniki*

Die Evakuierung von Auschwitz

Donnerstag, 18. Januar 1945

Seit Tagen schon war der Himmel von grauen, schweren Wolken verhangen. Es herrschte der eiskalte Winter des Nordens. Trotzdem fühlten sich unsere Herzen auf unerklärliche Art gestärkt. Sogar die Deutschen gaben zu, dass die Russen nicht mehr fern waren. Für uns gab es zwei Perspektiven: Entweder erwartete uns die Freiheit oder die Deutschen würden uns zwingen, ihnen auf dem harschen Weg des Rückzugs zu folgen. Der zweite Gedanke war niederschmetternd, niemand von uns wollte unseren Henkern ins deutsche Hinterland folgen. Wir flehten zu Gott, uns von der Nazi-Sklaverei zu erlösen. Dafür mussten aber die Russen unserem Abtransport zuvorkommen.

Doch dazu kam es nicht. Völlig unangekündigt begann am Donnerstagmorgen der erste Transport in Richtung Niederschlesien. Die Evakuierung war also angelaufen. Es blieb uns nichts anderes übrig, als uns in unser bitteres Schicksal zu fügen. Eine große Unruhe ergriff uns, düster zeichnete sich unsere Zukunft ab. Ein besonderes Merkmal dieses Donnerstags waren die Selektionen für die Transporte nach Westen.

Diejenigen, die für die Aufrechterhaltung des Lagerbetriebs unabdingbar waren, und die außerhalb des Stammlagers Beschäftigten sollten als Letzte gehen. Dazu zählten auch mein Vater und ich.

Am Donnerstagabend des 18. Januar 1945 brachen auch wir schließlich um 23:30 Uhr auf. Von Mutter und Schwester hatte ich nichts gehört. Es herrschte bittere

Kälte. Unser Ziel war das Konzentrationslager Groß-Rosen. Der Vormarsch der russischen Truppen schnitt uns jedoch den Weg ab.

So wandten wir uns nach Österreich, und zwar nach Mauthausen, einer Stadt in der Nähe von Linz. Das makabre Schauspiel, das sich während der Fahrt bot, spottete jeder Beschreibung. Nicht einmal ein Schriftsteller könnte die Untaten der Deutschen, dieser selbsternannten Gralshüter der europäischen Kultur, in Worte fassen. Kein Sklave hat je so gelitten wie die unglücklichen Gefangenen, die vom einen deutschen Lager zum nächsten irren mussten. Wie durch ein Wunder hat uns jedoch eine geheimnisvolle Kraft am Leben erhalten und uns davor bewahrt, zu stolpern und hinzufallen. Das hätte nämlich den Gnadenschuss durch einen SS-Mann bedeutet. Wir mussten leben, um Rache zu nehmen. Wir lebten, weil wir hofften. Wir hofften, weil wir lebten ...

Viele von uns hatten keine Schuhe und gingen barfuß. Der Schnee ließ unsere Beine zu Eis erstarren. Wir marschierten ohne nachzudenken, rein mechanisch. Erstes Opfer war ein deutscher Häftling, der nicht mehr weiter konnte. Er legte sich auf den Boden, streckte einem SS-Mann seine nackte Brust entgegen und forderte diesen auf, ihn zu erschießen, um sein Leiden zu beenden. So begann der unsagbar tragische Leidensweg zehntausender Gefangener, darunter auch der meines Vaters und mein eigener.

Der erste Tag war noch erträglich, obwohl es bitterkalt war. Der Nordwind peitschte uns ins Gesicht und dichter Schneefall behinderte die Sicht. Der Schnee lag schon 80 cm hoch. Unsere Schuhe waren mit Wasser vollgelaufen und die Füße eiskalt. Die ersten Stunden des Marsches legten wir ohne Pause zurück. Alle zehn Meter und in drei Metern Entfernung von der Kolonne, lief ein Wachsoldat. Männliche und weibliche Leichen säumten unseren Weg. Vielleicht waren es die kläglichen Überreste des vorangegangenen Transports, der am selben Morgen aufgebrochen war. Es gab Leichen, die mit weit aufgerissenen Augen scheinbar zufrieden dreinblickten, da der Tod sie von ihrer Pein erlöst hatte. Andere Gesichter wiederum hatten hassverzerrte Züge.

Nach und nach ließen wir unsere Sachen zurück, erst die Decke, dann den Rucksack mit der Wäsche, dann die Konservenbüchsen, die wir als Proviant bekommen hatten, und als letztes das Brot. Dann war der Zeitpunkt erreicht, wo man sich selbst an den Wegesrand legte und durch eine Kugel erledigt wurde. Überall lagen fast vollständig von Schneewehen bedeckte Leichen, man konnte nur noch die Blutflecken an Kopf oder Bauch erkennen. Unsere erste Station war die Kreisstadt Pleß, 25 km von Auschwitz entfernt.

Wir ließen uns auf einem Fußballplatz nieder, wo wir zwei Stunden rasteten. Wir nutzten die Zeit, so gut es ging, um unsere eisigen Glieder zu wärmen. Was die Füße angeht, so war das praktisch unmöglich. Da sie stark angeschwollen waren, hätten wir die einmal ausgezogenen Schuhe nicht wieder anziehen können.

Um uns ein bisschen aufzuwärmen, rieben wir uns gegenseitig den Rücken. Um 15 Uhr kam der Befehl zum Aufbruch und wir marschierten ohne Rast bis in die Nacht hinein. Wir schleppten uns nur noch dahin, die Befehle der SS ignorierten wir schon fast. 15 km von Pleß entfernt haben wir dann übernachtet. Von Auschwitz trennten uns jetzt 40 km. In der gleichen Nacht erlebten wir den größten Luftangriff, der in dieser Gegend je stattfand. Ich fragte mich, aus wie vielen Flugzeugen die Verbände wohl bestanden, die den Deutschen auf ihrem Rückzug zusetzten.

Meine Kameraden zitterten vor Kälte. Wie sollte man auf dem eisigen Boden auch schlafen? Der Luftangriff beschäftigte uns herzlich wenig. Da wir fast nackt waren, versuchten wir uns warm zu halten, indem wir dicht an dicht lagen. Am kristallklaren Himmel leuchtete der Vollmond. Meine wirren Gedanken steigerten sich in meinem Kopf zu schwindelerregenden Trugbildern.

Wie hypnotisiert starrte ich den Vollmond an. Mir ging der Anblick der Frauenleichen nicht aus dem Kopf und ich fragte mich: War meine Mutter eine von ihnen? Oder meine Schwester? Der glasige Blick, die weit aufgerissenen Augen, die keine Hand je zudrücken würde, hielten teilweise den Ausdruck der Todesangst für immer fest, teilweise aber auch die Vorfreude auf die bevorstehende Freiheit, auf die Rückkehr in die Heimat oder auch auf den Untergang der verhassten Nazis ...

Nach dem Bombardement, das die ganze Nacht angedauert hatte, setzten wir unseren Marsch fort. Rasch, mit einer Geschwindigkeit von etwa vier bis fünf Stundenkilometern, zogen wir nach Loslau. Immer mehr Leichen säumten den Wegrand, unser Marsch wurde immer beschwerlicher. Am Sonntagmorgen kamen wir in eine Stadt, die 15 km vor Loslau lag. Dort blieben wir den ganzen Sonntag.

Hier ein aufschlussreiches Erlebnis als Sinnbild der herrschenden Stimmung: Auf einem Stein lag ein Brot. Ein vom Hunger gequälter Gefangener nahm es an sich und aß es in der Annahme, dass es keinem gehöre. Es gab aber einen Eigentümer, der sich laut beschwerte. Ein SS-Mann kam dazu und verlangte eine Erklärung. Er befahl dem Dieb wegzulaufen, zog seine Pistole und streckte ihn hinterrücks nieder. Das war nur ein brutaler Vorfall unter vielen.

Von den Frauen, die vor uns aufgebrochen waren, hatten wir nichts weiter gehört. Dutzende Leichen am Straßenrand sprachen Bände über die Tragödie, die sich im Vorfeld abgespielt haben musste. Der Wind war stürmisch, Eis und Schnee lähmten unsere gequälten Glieder. Eine weitere Nacht schliefen wir, halb erfroren, mitten im Schnee.

Viele von uns sehnten den Tod herbei, um endlich von dieser unerträglichen Qual erlöst zu sein! Viele von uns verfluchten – wie einst Hiob – die Stunde ihrer Geburt, und vor allem ihrer Geburt als Israelit!

Am nächsten Tag konnte ich die Schuhe, die vom Frost steinhart geworden waren, nicht mehr anziehen. Zum ersten Mal überkam mich Verzweiflung, ich war zutiefst verbittert. Verschiedene Gedanken schwirrten mir durch den Kopf, ich spürte Todessehnsucht und führte Selbstgespräche. Ich fragte mich, ob ich einzig und allein dazu geboren war, diese endlose Heimsuchung zu bewältigen. Dann wiederum behielt die besonnene Auseinandersetzung mit den Fakten die Oberhand und ich versuchte, auf die Gegebenheiten zu reagieren. Nach zweistündigem Marsch erreichten wir den Bahnhof von Loslau und wurden in Hundertergruppen in Waggons Richtung Mauthausen verfrachtet. Ausgerechnet diesmal waren es offene Güterwagen ohne Verdeck...

Am späten Nachmittag, gegen 18 Uhr, war der Zug bei unerbittlicher Kälte mit hoher Geschwindigkeit unterwegs. Der ohnehin heftige Wind, durch die Fahrt noch weiter verstärkt, geißelte unsere Gesichter.

In unserem Waggon befanden sich zunächst nur 80 Gefangene, doch kurz vor der Abfahrt wurden 20 Bettlägerige zusätzlich gebracht, die nur im Liegen reisen konnten. Ein Außenstehender, der so etwas nicht miterlebt hat, kann sich nicht vorstellen, was für eine enorme Bedeutung in so einer Situation schon ein kleines bisschen Platz hatte. Wir waren alle menschliche Wracks, und natürlich war niemand von uns bereit, auch nur eine Handbreit zu weichen. Es herrschte das unerbittliche Prinzip: Jeder ist sich selbst der Nächste. Je mehr Mitreisende den Waggon frühzeitig tot verließen, desto mehr Platz blieb den Lebenden. Das Schicksal der Kranken war somit besiegelt, tatsächlich hat niemand von ihnen diese Fahrt überlebt. Das lange Stehen und die Erschöpfung nach unserem langen Marsch hatten uns alle in Kranke verwandelt, deren elender Zustand von den SS-Wachen gnadenlos verhöhnt wurde. Während der fünftägigen Reise von Loslau nach Mauthausen baten die Kranken oft die Kräftigeren, ihnen ein Ende zu bereiten oder sie aus dem Wagen zu werfen, um sie von ihrem Leiden zu erlösen!

Am 24. Januar 1945 fuhren wir um 2 Uhr durch Wien in Richtung Linz. Während um uns herum überall Schnee lag, quälte uns der Durst. Um ihn zu stillen, banden wir einen Blechnapf an eine Schnur und holten so viel Schnee an Bord wie möglich. Damit benetzten wir reihum unsere Lippen. Jemand hatte Zitronensäure dabei: Ein paar Tropfen davon auf dem Schnee ergaben die köstlichste Süßspeise auf Erden.

Die Folgen unseres Tuns hatten wir – durstig, wie wir waren – jedoch nicht bedacht. In Mauthausen angekommen, litten wir alle an Durchfall, dazu kamen zusätzlich noch die Erfrierungen. Mein Vater und ich waren da keine Ausnahme.

Am Donnerstag, den 25. Januar 1945 kamen wir um 18 Uhr an unserem Zielbahnhof an. Die Station quoll über vor Gefangenen und SS-Schergen, die wir innerlich verfluchten.

Beschreibung und Geschichte des Konzentrationslagers Mauthausen

Das Konzentrationslager Mauthausen befand sich auf österreichischem Boden in der Nähe von Linz, der zweitgrößten Stadt des Landes. Das Lager Mauthausen lag wie eine Festung auf einer circa 20 km entfernten Anhöhe. Wer von dort auszubrechen wagte, hatte sein Leben verwirkt.

Die Straße, die dort hinaufführte, hatte eine Steigung, die selbst Autos nur mühsam bewältigten. Mauthausen war für 18 000 Gefangene konzipiert. Bei dieser Belegung hätte jeder sein eigenes Bett gehabt, eine Seltenheit in deutschen Lagern. Als wir dort ankamen, gab es lediglich etwa 15 000 Internierte. Es dauerte aber nicht lange, bis die Zahl auf über 35 000 hochschnellte. So waren viele Gefangene gezwungen, die Nacht im Freien mitten im Schnee zu verbringen und buchstäblich zu erfrieren. Durch die Körperwärme schmolz der Schnee unter ihnen, was dazu führte, dass die Schlafenden vollkommen durchnässt waren. Dieses Wasser gefror dann wieder, was bei den Schlafenden zum Tod durch Erfrieren führte.

Am darauffolgenden Morgen wurden die steifgefrorenen Leichen auf Lastwagen gestapelt und zu den Krematorien gefahren. Mauthausen war eines der ältesten Lager des Deutschen Reiches. Es galt als das gefährlichste Gefängnis Österreichs, denn es war ursprünglich Häftlingen vorbehalten, die zu lebenslanger Haft oder zum Tode verurteilt waren.

Nach dem „Anschluss" Österreichs diente das Lager als Gefängnis für deutsche politische Gefangene und gemeine Kriminelle. Aufgrund der Grausamkeiten, die die SS an den Insassen verübte, hatte es einen grauenhaften Ruf. Beim Namen „Mauthausen" zitterten sogar die Deutschen, denn Mauthausen war ein Synonym für Vernichtung. Es gab es jedoch weder Massentötungen noch Krematorien, in denen Tausende von Unschuldigen verbrannt wurden. Es herrschte aber die kollektive Brutalität der SS-Mannschaften, die aus reiner Mordlust töteten und sich am Anblick der Leichen ergötzten.

In Mauthausen wurden die Gefangenen durch Giftspritzen ermordet, wonach der Tod erst einige Stunden später eintrat. Außerdem gab es mobile Zellen, die wie normale deutsche Krankenwagen aussahen. Ein großes rotes Kreuz auf den Seiten verschleierte ihre eigentliche Bestimmung: Sie dienten als mobile Gaskammern.

Methoden der Vernichtung

Neben Gift gab es noch andere Todesarten:
1) Vergiften durch Abgase im Lastwagen,
2) Zerfleischen durch Wachhunde,
3) Tod durch Erschlagen,
4) Tod durch Erfrieren,
5) Tod durch Schikanen,
6) Tod durch Verhungern,
7) Tod durch die harte Arbeit im Steinbruch.

Wachhunde, Prügel und Hunger

Jeder Wachsoldat im Lager hatte einen Schäferhund zur Seite. Um sich nicht selbst mit dem Blut eines Gefangenen zu besudeln – oder auch einfach nur zur Unterhaltung – wurden die Hunde auf die menschlichen Wracks gehetzt. Sie verbissen sich in ihre Opfer und rissen ihnen ganze Fleischstücke heraus.

Ein nichtiger Anlass während der Arbeit oder des Fußmarsches genügte, um den Hund loszulassen und ihn mit laut gebrüllten Befehlen auf den Häftling zu hetzen.

Der unglückselige Gefangene hätte den Hund ohne Weiteres mit der Schaufel erlegen können. Er zog es jedoch vor, den schmerzhaften Angriff auf seinen gequälten Körper zu ertragen. Hätte er sich nämlich gewehrt, wäre, und das wusste er ganz genau, der Tod die unmittelbare Folge seiner „Unbesonnenheit" gewesen.

Diesem üblen „Spiel" fielen meist Frauen zum Opfer. Mit dem Angriff des Hundes war es aber nicht getan.

Danach kam die SS-Aufseherin und traktierte die Gefangene so lange, bis sie krankenhausreif war und nicht lange danach den Gang ins Jenseits antrat.

Ich konnte keinen Unterschied entdecken zwischen den barbarischen Horden, die im Mittelalter über Europa hergefallen waren, und dem sadistischen Tun der von sich selbst berauschten Nazis. Die Übergriffe mit Hunden waren keine Einzelfälle, sondern fanden tausendfach statt. Der Gerechtigkeit halber muss ich erwähnen, dass kollaborierende Ukrainer und Kroaten als Blockälteste und Kapos den SS-Mitgliedern in Bezug auf die Brutalität in nichts nachstanden.

Unser Hunger hatte in der letzten Zeit immer schrecklichere Dimensionen angenommen. Am Anfang glaubten wir noch, ihn ertragen zu können. Aber in den vergangenen drei Monaten konnten wir vor lauter Erschöpfung kaum noch einen Fuß vor den anderen setzen.

Das Essen war völlig unzureichend: ein Liter „Suppe" und 60 g Brot, das diesen Namen nicht verdiente. Oben auf der „Suppe" schwamm eine hauchdünne Fettschicht, zusammen mit ein paar dreckigen, matschigen Kartoffelschalen. Bei einem solchen Menü hätte auch der genügsamste Mensch kaum länger als 2–3 Wochen überlebt.

Auf dem Weg zur Arbeit kippten die Gefangenen reihenweise um, doch sogleich war ein SS-Wachsoldat zur Stelle und trampelte den Betroffenen zu Tode. In Mauthausen und Umgebung waren Tod durch Verhungern, Prügel und die Arbeit im Steinbruch die verbreitetsten Todesursachen.

Das auf einer steilen Anhöhe befindliche Lager bestand aus 32 Baracken, rundherum verlief eine riesige Backsteinmauer, umgeben von mehreren Reihen Hochspannungs-Stacheldrahtzaun, der unüberwindbar war. Jeder Fluchtversuch war von vornherein zum Scheitern verurteilt.

Der Kernbereich des Lagers war nicht größer als 750 m². Rund um das Lager befanden sich die SS-Unterkünfte, im weiteren Umfeld dann die Krematorien und die verschiedenen Arbeitsbereiche des Lagers: Schneiderei, Wäscherei, Entlausungsanstalt usw. In 500 m Entfernung schloss sich daran ein dichter Wald an. Die SS-Mannschaft belief sich, zusammen mit der Besatzung einiger umliegender Lager, auf weniger als 1 500 Mann.

Fünf Kilometer weiter lagen die Reichswerke Hermann Göring, in denen Jagdflugzeuge hergestellt wurden, und die Leunawerke für synthetischen Treibstoff. Beide wurden gegen Ende des Krieges durch alliierte Luftangriffe vollkommen zerstört. Im Grunde genommen waren die Konzentrationslager Gusen I und Gusen II nichts anderes als die beiden Fabriken. Weitere Lager befanden sich in Melk, Ebensee und Schwechat bei Wien und mehrere kleinere mit etwa 1 200 bis 1 500 Gefangenen.

In Mauthausen war die Arbeit unerträglich und fand meist in Steinbrüchen und unterirdischen Fabriken statt, die Gefangenen wurden aber auch im Straßenbau und beim Aufbau neuer oberirdischer Industrieanlagen eingesetzt. Der Frondienst in den Steinbrüchen war körperliche Schwerstarbeit. Noch anstrengender war aber das Arbeiten in den 50 m unter der Erde gelegenen Stollen. Dort tropfte ununterbrochen Wasser herab und die Feuchtigkeit setzte den Knochen zu. Jede unvorsichtige Bewegung konnte einen Steinschlag auslösen und zum Einsturz des Stollens führen.

Mein Leben im Konzentrationslager Mauthausen

In Mauthausen kamen wir am 25. Januar 1945 um 18 Uhr an. Wir hatten keine Ahnung, was uns dort, auf der Spitze der unbekannten, steilen Anhöhe, erwartete.

Sobald wir aus dem Zug gestiegen waren, wurden wir in Hundertergruppen zusammengefasst. Als wir den Bahnhof in Richtung Lager verließen, war es 19 oder 20 Uhr. Die Kälte war durchdringend, der Boden vereist und spiegelglatt.

Der Weg verlief kreisförmig um den Berg herum. Zu beiden Seiten blickten wir auf die Donau, die mächtig und eindrucksvoll dahinfloss. Die Wachen ließen uns aber keine Verschnaufpause, sondern trieben uns zu immer schnellerem Tempo an. Wir waren jedoch zu ausgemergelt und kraftlos, um noch schneller laufen zu können. Nach einem halbstündigen Marsch erreichten wir endlich das Lager.

Der Ordnungsdienst empfing uns mit Schlägen und Gebrüll. Mauthausen war für mich das erste deutsche Lager, in dem so oft und so unvorstellbar grausam geschlagen wurde. Ohne ersichtlichen Grund sausten die Eisenstangen immer wieder gnadenlos auf unsere wunden Rücken herab. Bei Minusgraden mussten wir in einer langen Schlange vor der Entlausungsanstalt im Stehen warten, bis wir fürs Desinfektionsbad an die Reihe kamen. Und die Wachen gönnten uns mit ihren Schlägen nicht die geringste Verschnaufpause.

Laut Befehl hatten dann Russen und Israeliten zurückzutreten, um Deutschen und Polen den Vortritt zu lassen.

Das war reine Schikane und geschah nur, damit wir noch länger in der unerträglichen Kälte ausharren mussten. Um uns ein wenig zu wärmen, pressten wir uns an die dampfende Wand der Entlausungsanstalt.

Mein Vater und ich hatten erst um 5 Uhr in einer Zehnergruppe die Entlausungsanstalt betreten. Wir hatten dem Aufseher etwas zugesteckt, der uns daraufhin vorließ. Ein Funktionshäftling befahl uns, Jacke und Hose in einem großen Korb abzulegen. Im Weitergehen zogen wir uns schließlich völlig nackt aus.

Als erstes wurden uns die Haare geschoren. Wie üblich wurde nicht nur das Haupthaar, sondern jedes Körperhaar entfernt. Danach erwartete uns eine unangenehme Prozedur: Am Eingang zur Entlausungsabteilung hatten zwei Häftlinge und ein SS-Mann Aufstellung genommen. Ihre Aufgabe bestand darin, den Körper der Gefangenen nach versteckten Wertgegenständen abzusuchen, manche verbargen Geld oder Gold unter der Zunge, oder auch anderswo. Viele versteckten an den unglaublichsten Körperstellen Dinge, sogar in den Ohren fanden sich kleine Diamanten oder Brillanten. Manchen diente auch die Schuhsohle als Versteck. Der Anblick hatte etwas Tragikomisches: Die armen Teufel wurden überall durchsucht, splitterfasernackt reckten sie Arme und Beine in einem nie gesehenen, koboldhaften Tanz in die Höhe. Beim Barbier erwartete uns ein ebenso absurdes Schauspiel. Nach dem Kopf kamen Arme, Beine, Brust, Rücken und der Intimbereich an die Reihe. Unsere Körper sollten, wie gesagt, vollkommen glattrasiert sein.

Das Wasser, das aus den Brausen im Bad floss, war, wie immer, anfangs bitterkalt. Instinktiv wichen wir einen Schritt zurück, aber der Stock des SS-Manns trieb uns unter den Wasserstrahl zurück. Nun lief kochend heißes Wasser aus der Brause, das unerträglich schmerzende, nur schwer verheilende Wunden verursachte ...

Danach mussten wir wieder eine Reihe bilden und erhielten die Lagerkleidung – Unterhose und Unterhemd. Darin sahen wir wie Kasperlefiguren aus. Wer hatte aber in diesem Moment Sinn für Komik? Hauptsache, wir hatten irgendetwas an, das unsere Blöße bedeckte.

Ich hörte, wie einer, der ein Unterhemd mit nur einem Ärmel und löchrigem Rückenteil abbekommen hatte, zu sich selbst sagte: „Mann, was für ein Glück in dieser eisigen Kälte!"

Was Socken anging, so waren sie in deutschen Lagern Luxusware. Doch kaum waren wir in unsere Holzschuhe geschlüpft, mussten wir schon wieder hinaus und über den hartgefrorenen Boden hinüber zum Quarantäneblock, wo wir in Reih und Glied auf die Registrierung und unsere neue Häftlingsnummer warten sollten. Nach dieser Prozedur wurden wir erneut gefilzt: Wir sollten die übriggebliebenen Seifenstücke abgeben. Währenddessen hagelte es Schläge auf die Rücken von Jung und Alt.

Im Schlafsaal bekam man dann einen halben Liter Suppe, oder besser gesagt, trübe Brühe. Was die Betten betraf, herrschte auch hier der übliche Verteilungsschlüssel – ein Bett für vier Gefangene. Abends rückten wir die Betten auseinander und legten Strohmatten auf den Boden. Wir lagen zwar dicht gedrängt, aber alle Kameraden fanden Platz.

In einem Raum mit 33 dreistöckigen Betten, der für eigentlich 99 Personen ausgelegt war, mussten 800–900 Gefangene unterkommen. Im Liegen konnten wir uns kaum noch rühren. Es ging zu wie in einer Fischkonservenfabrik, wir lagen wie in einer Sardinenbüchse. Wir bekamen kaum noch Luft, das ist nicht übertrieben. Abends legte man sich zum Schlafen auf die Seite, während man von allen Seiten bedrängt und getreten wurde. Morgens beim Aufwachen hatte man den Fuß des einen Nachbarn im Gesicht, den Kopf des anderen in der Magengrube. Und die eigenen Beine waren mit anderen Leibern verknäuelt.

Die drei ersten Nächte in Mauthausen waren die schlimmsten meines Lebens. Natürlich kam der Gedanke auf, im Freien zu übernachten. Aber es war nicht nur bitterkalt draußen, es herrschte auch ein absolutes und rigoroses Ausgehverbot. Uns war nicht einmal erlaubt, im Schlafsaal aufzustehen, um uns ein wenig die Beine zu vertreten. Wir bemühten uns zwar, rasch einen Schlafplatz zu finden, aber manchmal gelang das nicht. Dann ertönte eine Donnerstimme: „Sofort hinlegen, sonst bist du ruckzuck im Krematorium!" Es war die Stimme des Blockältesten, der die Qual der Gefangenen am besten kennen musste. Im Gegensatz zu diesen ruhte er nachts, ganz wie bei sich zu Hause, in seinem eigenen Bett.

Deutsche und polnische Funktionshäftlinge, aus deren Gruppe in der Regel Kapos und Blockälteste rekrutiert wurden, hatten ein durchaus angenehmes Leben, das sie sich so nicht hätten träumen lassen. Die ihnen unterstellten Gefangenen behandelten sie trotzdem mit unvorstellbarer Härte.

Nach der ersten schrecklichen Nacht im Quarantäneblock wurden wir morgens um 4:30 Uhr geweckt und nur mit Unterwäsche bekleidet ins Freie getrieben. Dort ließ man uns eine volle Stunde warten. Danach kamen wir in den großen Blocksaal zum Zählappell, danach ging es wieder hinaus in Frost und Kälte. Zum Glück blieben mein Vater und ich zusammen.

Am nächsten Tag, ein Sonntag, wurde uns gesagt, dass wir in ein anderes Lager verlegt werden würden, wir sollten uns bereithalten. Die Namen derer, die am nächsten Tag in das uns unbekannte Lager Melk ziehen sollten, wurden verlesen. Es lag 80 km östlich von Mauthausen, 90 km von Wien und 100 km von Linz entfernt.

Nachdem wir unsere neuen Registrierungsnummern erhalten hatten, sollten wir Mauthausen hinter uns lassen. Die Häftlingsnummern waren auf ein Metallplättchen geritzt, das mit einem Draht an unserem linken Handgelenk festgebunden war. Verlor man dieses Plättchen, setzte es Prügel, die einem kaum Überlebenschancen ließen.

Am Montagmorgen mussten wir uns in Fünferreihen auf dem Appellplatz aufstellen. Um 8 Uhr ging es zum Bahnhof, wo sich 2 500 Gefangene aus Auschwitz versammelten. Wie üblich kamen je 100 auf einen Waggon und fuhren in unbekannte Richtung. Als die letzten Festungsbauten von Mauthausen aus meinem Blickwinkel verschwunden waren, fühlte ich mich seltsam erleichtert. „Gott sei Dank!", murmelte ich.

Je länger ich im Zug saß, desto zuversichtlicher blickte ich in die Zukunft. Während der Fahrt verspürten wir gar kein Hungergefühl, obwohl wir in Mauthausen kaum etwas zu essen bekommen hatten. Der Hunger wurde nebensächlich, all unsere Gedanken waren auf das – auf beunruhigende Weise – geheimnisvolle Melk gerichtet.

In der Mitte eines jeden Waggons saßen drei Wachsoldaten. Von ihnen hatten wir jeweils zwei Meter Abstand zu halten. Die Fahrt nach Melk dauerte rund acht Stunden und endete um 18:30 Uhr. Ein fürchterlicher Schneesturm fegte über das Lager hinweg, und wir versuchten, uns vor den Peitschenhieben von Wind und Schnee zu schützen, die uns hart im Gesicht trafen.

Wir wurden von SS-Männern in Empfang genommen und es folgte die Aufstellung auf dem zentralen Lagerplatz, dann Quarantäne und Einweisung in die Sitten und Bräuche unseres neuen Lagers. Geprügelt wurde hier genauso wie überall. Es wurde keinerlei Rücksicht genommen, weder auf das Alter der Gefangenen noch auf Krankheiten oder Gebrechen.

Die Geschichte des Konzentrationslagers Melk

Die Abläufe

Melk war ein ganz neues Lager, das erst zehn Monate zuvor errichtet worden war. Dort lebten 8 000 Gefangene, die von 800 Soldaten und Offizieren bewacht wurden. Melk diente nur einem einzigen Zweck: In einer Tiefe von 50–60 m unter der Erdoberfläche sollte eine Fabrik entstehen, die vor Luft- und Landangriffen gefeit war.

Hier gab es keine Massenmorde. Arbeit und Unterbringung unterschieden sich jedoch nicht von denen in Mauthausen, nur hier war die Arbeit schwerer und gefährlicher. Die Haltung der SS gegenüber den Gefangenen war, wie sonst auch, unmenschlich und sadistisch.

Das bekamen wir insbesondere beim Hinweg zur und beim Rückweg von der Arbeit zu spüren. Die Stockschläge waren so heftig, dass so mancher Gefangene danach nicht mehr aufstehen konnte. Dann rannte die SS-Wache zum Verletzten, trat dem Unglücklichen wie besessen mit dem Stiefel gegen die Brust, in den Magen oder gegen den Kopf, bis der Gefangene seinen letzten Atemzug tat. So ein Übergriff dauerte keine 20 Minuten. Nicht selten gab es mehr als 50 Opfer dieser Art pro Tag. Unsere Holzschuhe rutschten auf dem gefrorenen Boden leicht aus, die Gefahr zu stolpern war groß. In so einem Fall folgten die tödlichen Tritte der SS-Wachen sofort.

In Melk mussten die Gefangenen neue Stollen für die Errichtung von Produktionsmaschinen graben. Die Fabrik, die wir mit dem Zug erreichten, der stets sehr pünktlich verkehrte, lag drei Kilometer vom Lager entfernt.

Produziert wurden Kugellager für alle möglichen Fahrzeuge wie Panzer oder Flugzeuge. Das Fabrikgelände war riesig. Die seitlichen Wände der zwölf Meter hohen, spitz zulaufenden Stollen waren mit 70 cm dickem Beton ausgegossen, an Decken und Böden maß die Betonplatte einen ganzen Meter. In den Stollen arbeiteten 3 000 Gefangene und 200 Zivilarbeiter: Franzosen, Griechen, Italiener und einige Russen.

Aufgrund der zahlreichen Stollen, von denen an die 100 bereits in Betrieb waren, erreichte die Fabrik hohe Produktionszahlen. Gearbeitet wurde in drei Schichten morgens, nachmittags und abends, die nach diesem Zeitplan abliefen: Die Arbeiter der Morgenschicht wurden um 4:30 Uhr geweckt. Die Abfahrt vom Lager erfolgte um 5:30 Uhr, Ankunft in der Fabrik war um 7 Uhr, nach der unverzüglich mit der Arbeit begonnen wurde. Gleichzeitig versammelten sich die Arbeiter der Nachtschicht und kehrten mit demselben Zug ins Lager zurück.

Um 15 Uhr war für die Morgenschicht dann Schluss, die um 16:30 Uhr ins Lager zurückkehrte. Es folgte der übliche Zählappell. Die Nachmittagsschicht verließ das Lager um 15 Uhr und kam zur Arbeit, wenn die Morgenschicht bereits auf die Rückfahrt wartete. Ihre Arbeit endete um 23:30 Uhr, eine Stunde später traf sie wieder im Lager ein. Die Nachtschicht kam dann von 23:30 Uhr bis 7:30 Uhr zum Einsatz.

Es gab noch eine vierte Schicht, die nur tagsüber von 6:30 Uhr bis 18:30 Uhr arbeitete. Einmal dort eingesetzt, gab es kein Entkommen, ein Wechsel war so gut wie nicht mehr möglich. Diese vierte Schicht war – vor allem an den winterlichen Regentagen – besonders anstrengend. Dabei arbeitete man nämlich im Freien, ohne irgendeine Möglichkeit, sich vor Kälte oder Regen zu schützen. Die Aufgabe bestand darin, Eisenbahnschienen zu verlegen, den aus den Stollen geförderten Schutt abzutransportieren und für andere Zwecke, wie beispielsweise Auffüllarbeiten, zu nutzen.

Jeder versuchte, dieser Schicht aus dem Weg zu gehen. Der einzige Vorteil war, dass die Häftlinge bei Fliegeralarm in die Stollen gebracht wurden, denn bei Verdunkelung der Anlagen bestand die Gefahr, dass einige Mutige beim Verbleib im Freien flohen.

Unsere einzige Erholung – um nicht zu sagen: unser einziges Glück – nach der Arbeit war der Schlaf, dem wir uns aber niemals volle sieben Stunden hingeben konnten, da uns die Leibesvisitation nach der Rückkehr aus der Fabrik ein bis zwei Stunden kostete. Erst danach durften wir uns waschen, Essen holen und uns natürlich auch die tägliche Portion Prügel abholen!

Das Lager Melk war vor dem Einzug der Gefangenen eine alte Wehrmachtskaserne gewesen. Die großen Gebäude hatten viele kleine Räume und nur sehr wenige Toiletten. Die insgesamt 18 Bauten waren nicht so gleichförmig wie in anderen Lagern. So war es recht eng, in jedem Bett musste man zu zweit schlafen. Es war unvorstellbar schmutzig, überall krabbelten Läuse. Kleider und Unterwäsche waren in Melk Fremdwörter.

Bei meiner Ankunft im Lager waren die ältesten Gefangenen bereits zehn Monate vor Ort und hatten währenddessen kein einziges Mal ihre Kleidung gewechselt, ihre Körper waren über und über mit Läusen bedeckt. Das Krankenhaus war kläglich und die Patienten zahlreich – und zwar nicht aufgrund von irgendwelchen Infektionskrankheiten, die gab es nämlich dort so gut wie nicht. Es waren fast ausschließlich Schwerverwundete und Patienten mit Entzündungen und Schwellungen dort. Etwa 80 % der eingewiesenen Zwangsarbeiter hatten Schwellungen an den Gliedmaßen, insbesondere an den Beinen und im Gesicht.

Medikamente waren in Melk Mangelware. Verbandswechsel gab es nur bei „ernsten" Fällen, wenn die Blutvergiftung schon vorangeschritten war und der Patient in Lebensgefahr schwebte. Die Wunden der Verletzten verströmten einen unerträglichen Gestank, man hätte eigentlich eine Schutzmaske tragen müssen.

Mein Leben im Konzentrationslager Melk
Ein Tagebuch

Dienstag, 30. und Mittwoch, 31. Januar 1945

Vor unserem Arbeitsantritt wurden mein Vater und ich zu einer mehrtägigen Quarantäne in Block 5 gebracht. Der Blockälteste hielt uns und anderen Neuankömmlingen gleich eine Ansprache und betonte dabei die Notwendigkeit, sauber zu bleiben und im Block auf Reinlichkeit zu achten. Dabei starrte der Block vor Dreck, schon allein beim Anblick des Bettes, das voller Läuse und anderem Ungeziefer war, wurde einem schlecht.

Der erste Tag verlief relativ gut. Aber dann bekam ich heftigen Durchfall, der mich dermaßen schwächte, dass ich das Bett tagelang nicht mehr verlassen konnte. Zum Glück war immer noch nicht klar, wo und was wir arbeiten sollten.

Zum Schlafen teilten wir uns zu zweit ein Bett. Das war der einzige Weg, sich bei der unerträglichen Kälte einigermaßen warm zu halten. Auch der Mittwoch verstrich friedlich. Abends bekamen wir die Information, dass es am nächsten Tag zur Arbeit gehen sollte. Die Weckzeit war für 4:30 Uhr angesetzt.

Ich verbrachte eine unruhige Nacht. Ich bat Gott, er möge uns vor allzu schwerer Arbeit bewahren. Meine Gedanken wanderten in der nächtlichen Dunkelheit und Stille zu Mutter und Schwester. Ich wusste nichts über ihr Schicksal. Waren sie wohlauf? Waren sie irgendwo verlorengegangen? Hatten sie den langen Marsch überlebt? Hatte sie der Schnee unter sich begraben?

Auf der Strecke von Auschwitz nach Mauthausen hätte alles passieren können. Von den 8 000 Gefangenen unseres Transports waren lediglich 3 250 im neuen Lager angekommen.

Und meine Gedanken gingen noch weiter: Waren sie vielleicht von einem SS-Schergen umgebracht worden? Waren sie totgetreten worden? Waren sie in einer Krankenstation gelandet?

Donnerstag, 1. und Freitag, 2. Februar 1945

Wir wurden tatsächlich um 4:30 Uhr geweckt, es folgte die Aufstellung in Fünferreihen. So harrten wir dann eineinhalb Stunden in der Kälte aus und warteten auf unsere Abfahrt. Es war ein bitteres Erwachen, noch bitterer war jedoch das stundenlange Warten in beißender Kälte.

Irgendwann brach die Kolonne über einen sehr steilen, abschüssigen Weg zum Bahnhof auf. Auf zehn Metern kam man zwei bis dreimal ins Rutschen, durfte aber nicht stürzen, da – sollte man nicht wieder auf die Beine kommen – die vorgesehene Strafe durch die SS-Bewacher unerbittlich war, da sie nichts so sehr wie Fluchtversuche fürchteten. An diesem Tag rutschte ich bestimmt mehr als hundert Mal aus. Nach vielen brutalen Schlägen und einem Totschlag kamen wir am Bahnhof an.

Auf diesem Marsch habe ich eine wertvolle Erkenntnis gewonnen. Wollte ich am Leben bleiben, musste ich wegschauen, wenn Kameraden ausrutschten, und durfte ihnen nicht beim Aufstehen helfen. Die Devise lautete: Blick auf den Boden und Zähne zusammenbeißen.

An der Bahnstation, die sich am höchsten Punkt der Gegend befand, mussten wir eine weitere Stunde in der Kälte warten. Der eisige Wind nahm uns den Atem. Dann wurden wir in Hundertergruppen in die Waggons gepfercht. Ablauf wieder nach Schema F: Die SS-Wache saß in der Mitte, umringt von uns Gefangenen in einem Abstand von zwei bis drei Metern.

Gleich vom Waggon herunter wurden wir zum Eingang eines unterirdischen Stollens gebracht und den unterschiedlichen Aufgabenbereichen zugeordnet. Mein Vater war diesmal nicht dabei, er war im Block zurückgeblieben. Eins war mir klar: Sollte er diese Arbeit auch nur ein paar Mal machen müssen, würde er die Tortur nicht überstehen.

Ich hoffte auf ein Wunder. Und das Wunder passierte tatsächlich, und zwar nicht nur meinem Vater, sondern auch mir selbst.

In der „Fabrik" fühlte ich mich zunächst wie vor den Kopf gestoßen. Der Lärm war so ohrenbetäubend laut, dass ich nicht einmal die gellenden Befehle der Lautsprecher hören konnte. Der Berg wurde mit Presslufthämmern abgetragen, das Geröll nach draußen gebracht und für Auffüllarbeiten benutzt.

Unter den Gefangenen befand sich auch ein kleiner, schmächtiger, kaum 15 Jahre alter Junge. Nach dem gewaltsamen Tod seiner ganzen Familie hatten die Nazis den damals 12-Jährigen mitgenommen. Obwohl der Krieg praktisch vorbei war, wurde er zwei Tage vor der Ankunft der Amerikaner im Lager umgebracht und sein Häufchen Asche in die Donau gekippt.

Mein Arbeitsplatz lag am dritten Gerüst im Hauptstollen. Wir sollten schwere Metallteile, die als Stützrahmen des Stollens gedacht waren, in die Höhe hieven. Dabei mussten wir auch den Umgang mit den Presslufthämmern lernen. Zuerst wirkte die Arbeit annehmbar. Bald hatten wir aber nicht mal mehr die Kraft, auch nur ein einziges Metallteil nach oben zu befördern. Der deutsche Vorarbeiter stieß unflätige Flüche aus und drohte, dem Kapo zu melden, dass wir schlechte Arbeit leisteten. Das bedeutete Prügelstrafe mit den bekannten Folgen.

Mittags mussten wir – kaum hatten wir unseren Liter Suppe bekommen – unverzüglich die Arbeit fortsetzen. Über die Kost konnten wir uns allerdings nicht beklagen. Wir bekamen ein – für ein deutsches Lager – ungewöhnlich gutes Essen.

Um 15:30 Uhr hatten wir, wie die Deutschen sagten, Feierabend. Wieder mussten wir uns in Fünferreihen aufstellen und geduldig auf den Zug warten, der die Nachmittagsschicht bringen sollte, um dann ins Lager zurückgefahren zu werden. Als wir gerade den Schacht verließen, erstarrte ich vor Schreck: Unter den Angehörigen der Nachmittagsschicht schleppte sich auch mein Vater mühsam zur Arbeit. Danach bekam ich nichts mehr mit, was um mich herum geschah. Jede Lebenskraft war aus mir gewichen. Zum Glück zogen mich die Kameraden mit sich fort.

Wir hielten uns immer alle untergehakt, damit niemand ausrutschte und hinfiel. Es war eine schlimme Sache, wenn man selbst schon nicht mehr in der Lage war, ordentlich zu gehen, und dann noch links und rechts Kranke untergehakt hatte, die Unterstützung brauchten. Rutschte einer von ihnen aus, musste man ihm wieder hoch helfen und ihn dann den beschwerlichen Weg ins Lager mitschleppen. Endlich am Ziel angelangt, war man ausgelaugt und völlig außer Atem, aber zugegebenermaßen war die Genugtuung über die vollbrachte Leistung groß.

Aber vielen von uns blieb nichts anderes übrig, als die lebenden Leichen am Wegrand in der Kälte zurückzulassen, wo sie wie räudige Hunde krepierten. Wir hatten selbst keine Kraft mehr, ihnen noch zu helfen. Wir schleppten uns an ihnen vorbei und warfen keinen einzigen Blick mehr zurück. Das war das unbarmherzige Gesetz des Lagers: Mord und Vernichtung, Vernichtung und Mord.

Beim Warten auf die Rückkehr meines Vaters verbrachte ich eine schreckliche Nacht. Er hätte gegen 23:30 Uhr zurück sein müssen und war bestimmt völlig durchgefroren. Würde er es ohne Hilfe zum Lager schaffen? Schließlich kam er doch noch! Was er zu erzählen hatte, war nicht gerade aufmunternd, aber er war am Leben.

Der neue Tag brachte dasselbe wie der vorangegangene: Arbeit, Schläge und Not. Mir wurde bewusst, wie gefährlich das Ausheben der Stollen war, als sich nur einen Meter von mir entfernt eine große Gesteinsmasse löste und drei Gefangene erschlug. Meine Gruppe blieb zum Glück unversehrt. Ich erkannte, dass wir nur mit Gottes Hilfe lebend aus dieser Hölle entkommen würden. Trotz allem hat uns das überaus starke Gefühl nie verlassen, dass für uns irgendwann bessere Tage anbrechen würden. Mein Vertrauen zu Gott, der über mich und meine Familie wachte, blieb unerschütterlich.

Samstag, 3. und Sonntag, 4. Februar 1945

An diesem Tag ging ich sehr deprimiert zur Arbeit. Der Blockälteste hatte mich völlig grundlos verprügelt, und diese Tatsache setzte mir zu, obwohl ich wusste, dass so etwas tagtäglich passieren konnte. Ich redete vor mich hin, ohne zu merken, was ich dem Kamerad neben mir alles erzählte. Obwohl er mich aufmunterte, so gut es ging, hätte ich auf dem Weg zur Arbeit fast den Lebensmut verloren.

Als wir zur Anlage kamen, wurden wir nicht eingelassen. Durch eine schwere Havarie war Gas in sämtliche Stollen geströmt. So führte man uns in einen kleinen Wald, wo wir den ganzen Tag bei Schnee und Frost im Freien verbrachten.

An diesem Tag gab es in den Stollen 500 Todesopfer, 50 von ihnen waren Häftlinge, die anderen Zivilarbeiter und Zivilisten, vorwiegend Tschechen. Ein deutscher Chefingenieur hatte vergessen, einen Gashahn zuzudrehen, woraufhin sich das Gas in den Stollen verteilte und 500 Menschen erstickten. Zwei Tage lang wurde die Arbeit ausgesetzt, und auch mein Vater musste nicht zur Schicht. Diese Pause hat schließlich allen Gefangenen gutgetan.

Als ich abends zurückkam, erzählte mein Vater, ein Bekannter von uns aus Thessaloniki könnte uns vielleicht leichtere Arbeit verschaffen. Nachts fand ich trotzdem wieder keine Ruhe, meine Gedanken kreisen um das Schicksal von Mutter und Schwester. Auch mein Freund Leon beschäftigte mich, weil er kaum noch gehen konnte.

Alle zwei Wochen hatten wir einen Tag frei. Am nächsten Tag war es wieder soweit. Der nächste Appell fand erst wieder mittags im Freien statt. Nach der Rückkehr in die Baracken gab es eine medizinische Untersuchung: Ein „Arzt" sollte unsere Unterwäsche auf Läuse kontrollieren. So etwas kam trotz der großen Läuseplage nicht oft vor. Am Nachmittag kam Giorgos Skiadas, der Grieche, den mein Vater erwähnt hatte, zu uns. Er wollte uns in seinen Block aufnehmen, wo er Schreiber war. Am nächsten Morgen sollten wir in seinen Block umziehen und würden nicht mehr in den Stollen arbeiten müssen. Leider war es nicht möglich, auch meinen Freund Leon mitzunehmen, den ich noch mehr als einen Bruder liebte.

Montag, 5. bis Dienstag, 20. Februar 1945

In Skiadas' Block ging es uns jedenfalls gut. Wir mussten tatsächlich nicht zur Arbeit. In diesem Block wehte ein anderer Wind. Wir hatten großes Vertrauen zu und empfanden tiefe Dankbarkeit gegenüber Skiadas, der sich wie ein guter Freund verhielt. Das ist keine Lobhudelei, sondern Ausdruck meiner innigsten Gefühle. Nie werden wir diese unschätzbare Wohltat vergessen, die uns am Leben gehalten hat.

Ein paar Tage später bekam mein Vater eine Halsentzündung. Seine Zunge war geschwollen und er konnte nicht mehr schlucken. Und ich litt wieder an Durchfall, ein Andenken an die eiskalte Fahrt von Mauthausen nach Melk. Beide konnten wir, dank Skiadas' fortgesetzter Unterstützung, im Bett bleiben und unsere Krankheiten auskurieren.

Das Leben im Lager Melk war erbärmlich. Läuse, Läuse und wieder Läuse steckten in jeder Falte unserer vor

Schmutz starrenden Unterwäsche. Jeden Tag wurden mindestens 15 Gefangene mit 25 oder mehr Peitschenhieben auf das Gesäß grün und blau geschlagen. Darüber hinaus wollte mein Durchfall nicht aufhören.

Der einzige Trost, der uns am Leben hielt, waren die guten Nachrichten: Wir erfuhren, dass die Russen bis zur Elbe vorgestoßen waren und die Amerikaner den Rhein erreicht hatten. Uns waren alle politischen Gespräche verboten, selbst das Lesen einer deutschen Zeitung wurde mit dem Tod bestraft.

Die Nazis leisteten fast nur noch den Russen Widerstand. Sich den Amerikanern zu ergeben war sicherlich das kleinere Übel für sie. Doch das wussten wir damals leider nicht, sonst wären wir mental stärker gewesen. Viele von uns hatten keine Kraft mehr zum Weiterleben, weil sie keine Perspektive mehr sahen.

Die guten Nachrichten wurden uns von den Vorarbeitern weitergeleitet, die damit ihr Leben riskierten. Uns aber halfen sie, unser Leid zu vergessen. Wir mussten mit allen Mitteln am Leben bleiben. Auch wenn es ein Leben war, das den Nazis einen Dreck wert war. Mittlerweile arbeiteten wir nur noch mechanisch vor uns hin. Die Zeit verstrich, aber der Krieg wollte nicht enden. Schließlich überkam uns abgrundtiefe Verzweiflung.

Mittwoch, 21. Februar bis Freitag, 2. März 1945

An diesen Tagen hatte sich nichts Besonderes ereignet. Von Mutter und Schwester hatte ich in der Zwischenzeit nichts gehört. Meine Krankheit klang allerdings langsam ab und ich fühlte mich wohler. Auch meinem Vater ging es besser, nachdem er – nach langer Leidensgeschichte – an der Zunge operiert worden war.

Es hörte gar nicht mehr auf zu schneien. Tags schmolz der Schnee, nachts wurde aber alles wieder weiß und gefror. Uns erreichten keinerlei Nachrichten mehr über die Alliierten. Was war wohl der Grund der Verzögerung?

Während meiner Krankheit wurden mir meine Schuhe gestohlen, was mich sehr ärgerte. Die sonst üblichen Holzschuhe waren nämlich eine sehr unangenehme Sache. Man rutschte ständig aus und konnte nicht gut laufen, weil man keinen Halt in den Pantinen fand. Hätte ich den Diebstahl beim Blockältesten angezeigt, hätte er mich sicher zusammengeschlagen, und das wäre mit großer Wahrscheinlichkeit mein Tod gewesen.

Nach der Genesung musste mein Vater, zumindest auf dem Papier, wieder arbeiten gehen. Skiadas konnte uns nicht beide befreien. Notgedrungen musste er meinen Vater wieder auf die Liste der Arbeitsfähigen setzen. Ich selbst versteckte mich, so gut es ging, um dem Druck und den Schikanen zu entgehen. Das konnte natürlich nicht ewig so weitergehen. Irgendwann würde herauskommen, dass ich mich drückte. Dann wäre ich noch viel schlimmer dran ...

Samstag, 3. März 1945

Erst an diesem Tag ging ich, nach einem Monat Pause, wieder zur Arbeit. Sie schien mir gar nicht so schwer. Vielleicht würden wir doch bis zum Schluss durchhalten. Mit unserer Moral ging es wieder aufwärts.

Ich wurde dem Unternehmen Negrelli Hoch- und Tiefbau zugeteilt, das die Kuppeln und Seitenwangen der Stollen betonierte. Dieses Arbeitskommando galt zum einen als das leichteste, zum anderen als das schwierigste. Leicht war es für alle, die nur Loren schoben, schwierig aber für alle, die den Beton mit Schaufeln in die unterschiedlichen Schalungen schütten mussten.

Der Kapo hatte mich an die Pumpe beordert, an der wir – ohne Verschnaufpause – die ganze Nacht Wasser hochpumpen mussten. Das war alles andere als eine leichte Aufgabe. Fünf Männer mussten pausenlos den Hebel bedienen. Machte einer schlapp, drängten ihn die anderen vier zum Weitermachen. Ein guter Grund dafür war mit Sicherheit die gefürchtete Prügelstrafe des Kapos, mit dem nicht zu spaßen war.

Als meine Schicht um 11:30 Uhr zu Ende war, konnte ich mich vor Müdigkeit kaum noch auf den Beinen halten. Um 13:30 Uhr verließ unser Arbeitskommando den Stollen, mein nächster Einsatz würde erst wieder eine Nachmittagsschicht sein. Die Tätigkeit an sich war für uns völlig uninteressant, nur der Bauführer, der die Stollen und die Geräte inspizierte, konnte ihr etwas abgewinnen.

Sonntag, 4. März 1945

Mein erster freier Tag nach zwei Wochen Arbeit! Nach dem Morgenappell um 8 Uhr blieb ich, unterbrochen nur vom Mittagessen, den ganzen Tag im Bett und schlief. Ich hatte das Bedürfnis, diese Freiheit zu nutzen, um mich auszuruhen und meine Kräfte für die uns bestimmt noch bevorstehenden schlimmen Tage zu sammeln.

Montag, 5. bis Sonntag, 18. März 1945

Wieder eine Nachmittagsschicht. Die Arbeit war nicht mehr so ermüdend, die Zeit floss ruhig dahin. Unser Kapo behandelte uns gut und ich bekam eine leichtere Arbeit zugeteilt. Ich musste, zusammen mit zwei anderen Gefangenen, die mit Beton gefüllte Lore über eine Rampe auf die zweite Stollenebene schieben. Dort übernahm eine zweite Gruppe die Lore, brachte sie zur Stelle, wo der Beton gegossen wurde. Wir bekamen sie leer wieder zurück und alles ging von vorne los. Um auf die zweite Ebene zu gelangen, waren akrobatische Fähigkeiten gefragt. Man musste über Bretter gehen, die nicht unbedingt vertrauenserweckend aussahen. Trotzdem waren sie stabil und konnten unglaubliches Gewicht tragen. Gleichwohl stolperten Gefangene darauf immer wieder und brachen sich die Glieder. Manche stürzten sogar vom Gerüst, den Fall aus fast zwölf Metern Höhe überlebten sie freilich nicht.

Mein Vater war zum Glück als stellvertretender Blockschreiber tätig. Er sortierte die Unterlagen für Skiadas vor und erleichterte ihm so die Arbeit.

Über das Essen in Melk konnten wir, wie gesagt, nicht klagen. Es war schmackhaft und von guter Qualität. Morgens gab es heißen Kaffee, wobei wir Gefangenen eine trübe Brühe, die SS-Mannschaften dagegen richtigen Kaffee bekamen. Mittags gab es einen Liter sehr schmackhafte Suppe. Doch die Blockältesten holten die Suppeneinlage aus dem Fass und streckten den Rest, der für die Gefangenen bestimmt war, mit Wasser.

Abends gab es dann ein Achtel eines Kilolaibs Brot mit etwas Frisch- oder Schnittkäse oder auch Marmelade. Anfangs bekamen wir das Achtel Brot morgens und abends. Zweimal die Woche gab es zusätzlich noch ein Sechstel der gleichen Brotsorte. Somit war das Essen ausreichend.

Zwei weitere Wochen gingen ins Land, und wieder folgte ein freier Tag. Die Zeit eilte dahin. Nur die Nachrichten, die wir erwarteten, wollten einfach nicht kommen. Arbeit, immer nur Arbeit, mal zur Tages-, mal zur Nachtschicht.

Bloß dieser verflixte Durchfall, der selbst einem gesunden, kräftigen Mann das Leben kosten konnte, wollte partout nicht völlig weichen. Eine echte Marter. Aber das Leben ging weiter.

Montag, 19. bis Samstag, 31. März 1945

Am nächsten Tag war Nachtschicht angesagt, die anstrengendste aller Schichten, da man dadurch viel weniger Schlaf bekam. Nach Arbeitsende ging es morgens um 6:30 Uhr zurück ins Lager. Auf der Fahrt froren uns fast die Ohren ab, wurden starr vor Kälte. Spuckte man auf den

Boden, klang es, als würde Glas auf Glas treffen, beim Urinieren gefror die Flüssigkeit sofort zu einer dünnen Eisschicht.

Die Nacht zog sich während dieser Schichten endlos dahin. Dabei kam es immer wieder zu Unfällen aus Unachtsamkeit. Einmal befand ich mich in der Nähe der Latrine, als sich Tonnen von Geröll aus der Decke des Stollens lösten und drei Unglückliche erschlugen, die sich zu diesem Zeitpunkt erleichterten. Erst zwei Tage später konnten sie geborgen und im Krematorium verbrannt werden. Jedes Mal, wenn ich am Unfallort vorbeikam, zog sich bei dem Gedanken, dass ich damals nur sehr knapp dem sicheren Tod entgangen war, alles in mir zusammen.

Dann erfuhren wir Neuigkeiten, die uns Mut machten. Denn es wurde klar, dass das Kriegsende nahte. Bald würden wir wieder in Freiheit sein, wenn uns die Deutschen nicht vorher noch schnell liquidierten.

Die Russen bereiteten die Endoffensive vor, die Amerikaner hatten den Rhein überquert und marschierten auf Berlin zu. Unsere Freude war grenzenlos! Noch dazu stand Ostern vor der Tür!

Sonntag, 1. April 1945. Das katholische Osterfest

An diesem Tag feierten wir das orthodoxe Ostern zeitgleich mit den Katholiken, obwohl die Feiern mehrere Wochen auseinander lagen. Ostersonntag und Ostermontag waren auch im Lager Feiertage. Wir konnten tun und lassen, was wir wollten, und uns innerhalb des Lagers frei bewegen.

Das Wetter war herrlich, es war ein sonnendurchfluteter Tag. Die Nachrichten, die uns zu Ohren kamen, machten uns Mut. Das Osteressen war wirklich ausgezeichnet, zur Feier des Tages sollten uns sogar Zigaretten ausgegeben werden. Am Abend versammelten wir Griechen uns in einer Ecke der Baracke. Wir scharten uns um einen guten Sänger und stimmten kirchliche Ostergesänge an. Unsere Seelen frohlockten und erbauten sich an den Hymnen. Um Mitternacht, dem Zeitpunkt der Auferstehung, küssten wir uns und tauschten den Ostergruß „Christus ist auferstanden!" – „Wahrlich, Er ist auferstanden!"

Trotzdem trieb uns während der kleinen Feier die Furcht um. Bis zum Ende des Osterritus zitterten wir bei der Vorstellung, dass der Blockälteste erscheinen könnte. Dann hätte es mächtig Prügel gesetzt, da Versammlungen von Gefangenen strengstens verboten waren.

So ging auch dieses Osterfest zu Ende. Wir kamen erst spät ins Bett, erfüllt von aufmunternden Gedanken und mit der süßen Erwartung der Freiheit im Herzen. Aber unsere Torturen waren noch nicht ausgestanden. Viele von uns sollten ihr Leben noch während der Knechtschaft lassen. Dabei stand die Freiheit schon vor der Tür!

Ostermontag, 2. April 1945

Auch dieser Tag war ein Feiertag. Der Vormittag und dann der Nachmittag verstrichen ohne besondere Vorkommnisse. Voller Spannung und Unruhe warteten wir auf die neuesten Meldungen. Die einen Gerüchte besagten, die Russen stünden vor Wien, die anderen, sie würden in wenigen Stunden unser Lager erreichen. Andere wiederum behaupteten, dass wir nicht wieder arbeiten müssten.

Und dann kam doch alles anders. Am selben Abend gab uns einer der Blockschreiber bekannt, die Arbeit werde normal weitergehen. Wir sollten auf unsere Worte achten, jede politische Debatte würde eine exemplarische Bestrafung nach sich ziehen.

Trotzdem schien sich das alte Sprichwort „Kein Rauch ohne Feuer" zu bestätigen. Es lag förmlich in der Luft: Die Stimmung im Lager hatte sich geändert. Wir waren sicher, dass bald eintreten würde, was wir uns fast zwei Jahre lang so innig gewünscht hatten. Aber nur, wenn die Deutschen das Lager Melk nicht verlegten. Die sich überschlagenden Nachrichten und die Unruhe der SS-Mannschaft gaben unserer Fantasie Nahrung und wir stellten willkürliche, kühne Prognosen auf.

Spät abends ging Skiadas in die zentrale Lagerschreibstube und übergab dort die Liste der aus unserer Baracke für den Arbeitseinsatz verfügbaren Gefangenen. Die ganze Nacht hindurch hörten wir bis zur Morgendämmerung in der Ferne Kanonendonner. Unsere entfesselte Phantasie entwarf die verrücktesten Szenarien.

Dienstag, 3. April 1945

An diesem Morgen fuhr ich mit der Frühschicht zur Arbeit. Unterwegs sahen wir zahlreiche deutsche Truppen ostwärts ziehen, dann wieder andere westwärts. Mal tippten wir auf Rückzug, mal auf Vormarsch. Unser Zug hatte eine große, fast einstündige Verspätung. Unsere Strecke war gesperrt, denn Züge, die Richtung Westen fuhren, hatten Vorrang.

Unser kleiner Finger sagte uns, dass die Nachmittagsschicht nicht mehr stattfinden würde. Wir waren alle unruhig, vor allem die Vorarbeiter, die ständig miteinander tuschelten. Die Arbeit kam nur schleppend voran. Unsere Gedanken waren ganz woanders – in einer Welt, wo wir frei, mit hoch erhobenem Haupt und ohne die verächtlichen und abschätzigen Blicke der deutschen Zivilisten unterwegs waren.

Wir sahen wirklich bemitleidenswert aus, wie wir so, zerlumpt und teils nackt, durch Schlamm und Wasser wateten. Wann war es endlich soweit, dass wir unsere Lieben wieder in den Arm nehmen konnten? Wann würden wir wieder in unserem schönen, beheizten Haus wohnen? Ohne dass uns irgendein Tyrann überwachte, bestrafte oder tötete?

Wir alle dachten, dass die Nachmittagsschicht ausfallen und dieser Tag unser letzter Arbeitstag in Melk sein würde. Alle unsere Erwartungen wurden jedoch Lügen gestraft, als wir gegen 16 Uhr die Nachmittagsschicht kommen sahen, die sich langsam auf uns zubewegte, um die Arbeit aufzunehmen. Damit brachen alle unsere Träume in sich zusammen. Das bedeutete nämlich, dass die Deutschen den Vormarsch der Russen gestoppt hatten.

Auf dem Rückweg ins Lager sinnierte ich, dass wir Menschen nur ein Spielball des Schicksals seien. Es ließ uns Hoffnung schöpfen, erfüllte uns mit Optimismus und Mut – nur, um dann jede tröstliche Aussicht wieder zunichte zu machen.

Und dennoch: Was wir voller Sehnsucht und innerer Überzeugung erwartet hatten, trat dann überraschenderweise doch noch ein. Die Gefangenen der Nachmittagsschicht überbrachten uns die frohe Kunde, als sie schon um 19 Uhr ins Lager zurückkehrten. Voller Freude versicherten sie uns, dass wir nicht wieder zur Arbeit gehen müssten. Und tatsächlich, von diesem Abend an wurde Verdunkelung angeordnet, jede Zuwiderhandlung zog die Todesstrafe nach sich. Die Nachtschicht blieb im Lager.

Die quälende Unsicherheit hielt uns alle wach. Was würde nun aus uns werden, solange wir in deutschen Händen waren? Würde man uns den Russen überlassen? Würde man uns ins deutsche Hinterland verschleppen? Oder würde man uns heute oder morgen alle umbringen?

Mittwoch, 4. bis Freitag, 6. April 1945

Trotz allem rückte heute die Frühschicht aus. Ich war im Block geblieben. Die innere Anspannung schnürte uns die Kehle ab. Konnte man uns nicht etwas Ruhe gönnen? Immer wieder versuchten wir, Neuigkeiten aus der Lagerzentrale zu erfahren. Die Nachrichten erreichten uns mit starker Verzögerung. Die Lage der Deutschen erschien nicht aussichtslos.

Die Frühschicht brachte bei ihrer Rückkehr aber die beste Nachricht, die jemals aus menschlichem Munde zu hören war. Auf der Rückfahrt waren sie Zeugen eines ungeordneten Rückzugs geworden. Viele Züge fuhren westwärts, überfüllt mit Flüchtlingen, die Wien und Umgebung verlassen hatten. Andere Eisenbahnen waren voller deutscher Militärs. Auf den Straßen marschierten –

zu anderen Zeiten unvorstellbar – deutsche Soldaten ohne Feldmütze und Koppel. Rund um das Lager sahen wir auf der Straße, die nach Linz führte, große Armeeeinheiten nach Westen ziehen.

Am nächsten Morgen zog die Morgenschicht im strömenden Regen zur Arbeit. Die Hinfahrt wurde ein beschwerliches Unterfangen. Der Zug, der sie sonst aufnahm, hatte nicht angehalten und war durchgefahren. So machten sie sich zu Fuß auf den Weg. Dabei sahen sie umherirrende deutsche Soldaten und viele Autos, die in Richtung Westen fuhren. Und es wurde immer übler. Am Bahnhof saßen mehrere Züge fest, der Verkehr war zum Erliegen gekommen.

Endlich am Arbeitsplatz angekommen, mussten sie den Vorarbeitern helfen, Dynamit und Zündschnüre anzubringen. Innerhalb weniger Stunden sollten 90 t Dynamit das ganze unterirdische Bauprojekt vollständig zerstören. Es war zwar ein Meilenstein der Industriegeschichte, diente allerdings einem unseligen Zweck.

Als diese Aufgabe erledigt war, versammelten die Vorarbeiter ihre Arbeitsgruppen und informierten sie, dies sei der letzte Arbeitstag, die Russen seien im Anmarsch. Daraufhin brachen die Gefangenen die Kantinentür auf und griffen sich alles, was ihnen in die Hände fiel, selbst Wein. Sie begannen zu trinken, ohne auch nur einen Gedanken an die Folgen einer solchen Zecherei zu verschwenden.

Als sie abends ins Lager zurückkehrten, boten sie einen eigentümlichen Anblick. Niemand konnte sich noch richtig auf den Beinen halten. Sie mussten sich gegenseitig stützen, um nicht umzukippen. Nachts durchsuchte dann die SS die Blöcke nach verstecktem Wein.

Andere, alarmierende Nachrichten berichteten von einer Deportation der Gefangenen nach Westdeutschland, um sie nicht den Russen überlassen zu müssen. Tatsächlich wurde spät in der Nacht ein Transport von 1 500 Gefangenen organisiert. Er sollte in ein anderes österreichisches Lager geschickt werden.

Kaum hatten wir Zeit gehabt, uns über die Auflösung des Lagers zu freuen, erfüllten schon wieder neue Sorgen unser Herz mit Angst und Sorge.

Samstag, 7. bis Dienstag, 10. April 1945

An diesem Morgen mussten sich 4 000 Gefangene bereithalten, um in den „Transitblock", den Quarantäneblock, verlegt zu werden. Infolge der Trickserei zweier französischer Gefangener fanden mein Vater und ich uns unverhofft dort wieder. Die Angst vor dem Unbekannten schnürte uns das Herz ab. Ganz plötzlich wurde der Transport ohne erkennbaren Grund aufgelöst und jeder in seinen alten Block zurückgeschickt. Niemand ging jetzt noch zur Arbeit. Die eintreffenden Nachrichten klangen für uns immer besser, und wir dachten, die Russen würden innerhalb weniger Stunden das Lager erreichen.

Am nächsten Tag mussten wir unseren Block räumen und wurden in Block 11 verlegt. Neue Aufregung über einen weiteren geplanten Transport machte sich breit. 3 000 Gefangene wurden auf eine Transportliste gesetzt. Darauf standen auch ich und mein Vater.

Mittwoch, 11. bis Sonntag, 15. April 1945

Um 4 Uhr wurden wir aus dem Tiefschlaf gerissen. Wir wurden namentlich aufgerufen, Kranke und Schwache aussortiert. Diese Namensliste wurde zur Lagerschreibstube gebracht und sofort genehmigt.

Der Befehl kam prompt, Lebensmittel und eine Decke wurden zur Verfügung gestellt, dann folgte die Aufstellung in Fünferreihen, und eine halbe Stunde später sollte es per Flussschiff nach Linz gehen. Das weitere Ziel war unbekannt. An diesem Morgen verließen 2 000 Gefangene verschiedener Nationalitäten das Lager und wenig später noch weitere 500 russische Kriegsgefangene. Das war ein schlechter Tag.

Weitere 2 500 Gefangene machten sich auf den Weg, dann rief man die Übrigen auf. Wieder Aufstellung auf dem zentralen Platz bei starkem Regen. Es folgte der Zählappell. Unsere Unruhe wuchs jetzt ins Unermessliche.

Bei der Zählung fehlte jemand, ein Block war unvollständig. Trotz des Dauerregens befahl der Kommandant, den Zählappell zu wiederholen, bis der Fehlende gefunden sei. Zum Glück wurde der Appell dann doch aufgelöst, alle zwei Stunden sollte jedoch ein neuer stattfinden, bis der Ausreißer auftauchte. Es war schließlich ein Russe, der den Stacheldraht durchgeschnitten hatte und zwischen zwei SS-Wachposten hindurch entkommen war.

An diesem Tag gab es, während ein entsetzlicher Sturm wütete, insgesamt acht Zählappelle. Wir waren am Ende unserer Kräfte. Als die ganze Prozedur endlich vorbei war und die Deutschen sicher sein konnten, dass in der Tat ein russischer Gefangener entkommen war und sich nicht mehr im Lager aufhielt, waren wir bis auf die Haut durchnässt und froren erbärmlich. Diese Pein endete um 21 Uhr.

Am nächsten Morgen erging erneut ein Befehl für einen Appell. An die 1 500 Gefangene wurden bestimmt, die bis zum letzten Moment im Lager bleiben sollten. Dazu gehörten auch mein Vater und ich, wir schätzten uns deswegen glücklich. Der Rest sollte so bald wie möglich aufbrechen.

Am Sonntagmorgen wurden Freiwillige gesucht, um die Küche des Lagers auf ein Donauschiff zu verladen. Gegen 15 Uhr ertönten plötzlich am Fluss lautes Geschrei und Detonationen. Es hörte sich wie ein Angriff an. Und, wie sich herausstellte, war es tatsächlich einer. Etwa 20 russische Flugzeuge flogen über uns hinweg und bombardierten die Flussschiffe. Mit den Bordkanonen beschossen sie jedes nur denkbare militärische Ziel. Angesichts dessen ordnete der Kommandant die sofortige Räumung des Lagers an.

Diese überstürzte Reaktion war der Beweis dafür, dass die Russen nicht mehr weit sein konnten. Wir stellten uns in Reih und Glied auf und bekamen die eineinviertel Brote zugeteilt, die uns sonntags zustanden. Der Zählappell war schnell erledigt, wir wurden in Hundertergruppen aufgeteilt und marschierten los. Nach kaum 100 Schritten ereilte uns eine neue Angriffswelle der Flugzeuge. Sie wussten wohl nicht, dass wir Gefangene waren. Zum Glück gab es weder Tote noch Verwundete. Schon bei den ersten Salven warfen wir uns flach auf den Boden und nutzten jede Bodenunebenheit und jede Mulde als Versteck. In unbeschreiblicher Panik rannten die SS-Leute durcheinander und suchten Schutz vor den Projektilen.

Der Befehl, uns Gefangene in Schach zu halten und jede Flucht zu unterbinden, war hinfällig geworden. Sie ließen ihre Waffen stehen und liegen und robbten zu uns, um hinter unseren Körpern Schutz zu finden. Eine Flucht wäre in diesem Moment ohne Weiteres möglich gewesen, nur hätte man dafür erst einen SS-Mann zur Strecke bringen müssen. Und das wagte niemand, denn die Folgen waren sattsam bekannt.

Nach diesem Angriff erreichten wir schließlich den Bahnhof und bestiegen – nach dem bewährten und bereits beschriebenen deutschen Verfahren – rasch die Waggons: eine Hundertergruppe pro geschlossenem Waggon. Obwohl das Wetter warm war, wurden sie versiegelt. Darüber hinaus war es ausdrücklich verboten, selbst nur kurzfristig eine Luke zu öffnen.

Dieser letzte Evakuierungstransport umfasste 1 411 Menschen. Bei unserer Ankunft in Ebensee sollten es 34 Gefangene weniger sein.

Konzentrationslager Melk
Personenbeschreibungen

Wenn ich über die Nazilager schreibe, sollte ich bestimmte Personen nicht übergehen, die den Gefangenen entweder Gutes oder Schlechtes angetan haben. Einige von ihnen, die sich als wahre Schutzengel der internierten Griechen erwiesen, sollen gesondert erwähnt werden.

Julius Ludolf, der Lagerkommandant

Seine schrecklichen Verbrechen begründete er mit nur einem Wort: Pflichterfüllung. Das Seltsame war, dass er die Gefangenen außerhalb der Dienstzeiten vorbildlich behandelte. Seine dienstliche Härte war jedoch unvorstellbar und unerklärlich. Jede seiner Handlungen nannte er „Pflicht". Wehe dem Häftling, der nicht ordentlich zu seinem Arbeitsplatz ging, der stolperte, hinfiel oder aus dem Glied ausscherte. Ludolf trat mit so zorniger Wucht auf ihn ein, dass der Gefangene starb. Jeder, der unter seine Stiefel geriet, war verloren. Widerspruch akzeptierte er nicht, seine Strafen waren drakonisch. Oft hörte man ihn sagen: „Pflichterfüllung ist mir heilig. Egal, ob man dabei zum Foltern oder Töten gezwungen wird. Hauptsache, man hat seine Pflicht getan!"

Dieser Kommandant wurde nach der Befreiung verhaftet, als er gerade versuchte, in einem amerikanischen Auto zu entkommen. Niemand hätte sich vorstellen können, dass es dieser Person gelingen könnte, sich unter die Gefangenen zu mischen und unterzutauchen. Dennoch schaffte er es 20 Tage lang, als Arbeiter in einem Lagerbüro unentdeckt zu bleiben. Es war ein Franzose, der ihn schließlich erkannte und verriet.

Hier noch eine Episode, die sich nach der Übernahme des Lagers durch die Amerikaner ereignet hat: Zwei israelitische Jungen waren aus Mauthausen nach Melk gekommen. Der Kommandant nahm sie unter seine Fittiche, kümmerte sich sehr um sie und vermittelte ihnen Posten als Pförtner. Als das Lager Ebensee von den Amerikanern eingenommen wurde, freuten sich auch die beiden Kinder über die erlangte Freiheit. Kaum hatten sie von der Verhaftung des Kommandanten erfahren, suchten sie ihn auf. Während dieser Begegnung soll ihm der eine Junge ins Gesicht gespuckt und eine schallende Ohrfeige versetzt haben. Der Kommandant, dessen Stiefeltritte mindestens hundert Gefangene in den Tod befördert hatten, wurde schließlich von einem alliierten Militärgericht zum Tode verurteilt und am 28. Mai 1947 gehängt.

Obwohl er nur den Rang eines Hauptmanns hatte, kommandierte er ein Lager mit 8 000 Insassen wie ein Alleinherrscher. 1945 war er 54 Jahre alt, von durchschnittlicher Statur und mit stets grimmigem Gesichtsausdruck. Tagtäglich wechselte er die Hose, die nie zerknittert oder verschmutzt war. Seine engsten Freunde, mit denen er oft trank, waren der Kapo der Näherei und ein Grieche namens Kampouropoulos. Diesen beiden Häftlingen vertraute er blind, denn sie lieferten ihm jeden aus.

Gottlieb Muzicant, Leiter des Krankenhauses und stellvertretender Lagerkommandant

Im Krankenhaus gab es zwei Menschen, die unterschiedlicher nicht hätten sein können. Einer der beiden, Muzicant, war Leiter des Krankenhauses und stellvertretender Lagerkommandant. Von der Natur war er nicht gerade mit einem vorteilhaften Äußeren gesegnet, und sein hässliches Gesicht spiegelte die Abgründe seiner Seele wider. Verbrechen gingen ihm leicht von der Hand.

Auf seinem Posten hatte Muzicant nur eines im Sinn: All denjenigen den Rest zu geben, die von den anderen noch nicht erledigt worden waren. Nur mit seiner Erlaubnis wurde man aufgenommen. Üblicherweise lehnte er die entsprechenden Ansuchen mit der Begründung ab, es gebe keine freien Betten.

Verbandwechsel gab es bei Muzicant nur im äußersten Notfall, wenn sich der Geruch von verdorbenem Fleisch bereits breitmachte. Kam es zum Protest, landeten sowohl Patient als auch der behandelnde Arzt auf der Straße.

Oft habe ich mich gefragt: Hatten Menschen wie Muzicant keine Familie, keine funktionierenden Beziehungen, keine Gefühle? Dachten sie nie daran, wie ihr Schicksal aussähe, wenn sich die Umstände änderten?

Die Weltanschauung der Nazis bestand, wie es scheint, vorwiegend aus den Begriffen: Ausbeutung, Zerstörung und – in erster Linie – sadistische Unterwerfung der Mitmenschen unter dem Deckmantel der Rassentheorie.

Dr. Josef Sora, der Leitende Lagerarzt

Größer hätte der Gegensatz zwischen Muzicant und seinem Vorgesetzten, dem Oberstabsarzt von Melk im Rang eines Majors nicht sein können. Zum einen rettete er zahlreiche Gefangene, indem er ihnen unter Umgehung von Muzicant und mit Unterstützung eines griechischen Arztes, Vassilis Rakopoulos aus Ioannina, im Krankenhaus eine Anstellung verschaffte. Zum anderen unterstützte er eine geheime Organisation der Melker Gefangenen. Deren Ziel war es, Informationen über die Pläne und Absichten der SS weiterzugeben. Dieser Organisation gehörte auch der Lagerschreiber Hofstädt an, ein anständiger Mensch und begeisterter Philhellene. Auch viele Griechen verdankten dem österreichischen Lagerarzt Sora und seinem griechischen Kollegen Rakopoulos ihr Leben.

Der Oberstabsarzt spielte auch bei der Evakuierung des Lagers und der Rettung der Gefangenen eine große Rolle. Die Lagerleitung hatte beschlossen, alle Lagerinsassen von Melk in die Stollen zu treiben und sie dann in die Luft zu sprengen. Der mutige Oberstabsarzt widersetzte sich nachdrücklich diesem Plan und verhinderte damit einen Massenmord. Schließlich sah man von diesem Vorhaben ab. Aufgrund seines ausgeprägten Verantwortungsgefühls wollte er sich nicht in ein so abscheuliches Verbrechen verwickeln lassen.

Nach der Befreiung durch die Amerikaner setzten sich die Gefangenen für ihn ein, sodass er vor Angriffen und Gefängnis bewahrt wurde. Bei seiner Entlassung bekam er bescheinigt, dass er die Gefangenen anständig behandelt und sie nach Kräften unterstützt habe. Zur Anerkennung schenkten ihm die Amerikaner ein Automobil und boten ihm einen Arbeitsplatz in einer Behörde zur Rückführung von Vertriebenen an.

Vassilis Rakopoulos, der griechische Arzt

Das Schicksal meinte es gut mit uns, als es den griechischen Arzt Vassilis Rakopoulos nach Melk schickte. Er erwies sich als Schutzengel der Griechen und rettete viele vor dem sicheren Tod. Die schwierigsten Operationen führte er mit einem Lächeln und aufmunternden Worten durch. Sein größtes Anliegen war, den Schmerz der Gefangenen zu lindern. Jeder Grieche, der sich – nachdem er von anderen Ärzten abgewiesen worden war – an Rakopoulos wandte, erfuhr Unterstützung und Fürsorge und sofortige Aufnahme ins Krankenhaus.

Zusammen mit einem weiteren griechischen Häftling namens Karagiannis und mit Unterstützung von Giorgos Skiadas schaffte er aus der Lagerküche so viel Essen wie nur möglich heran. Fanden die Gefangenen abends nach der Rückkehr von der Arbeit nur eine spärliche Ration vor, wandten sie sich an das Krankenhaus oder an Skiadas' Block, wo dann meist noch ein kleiner Nachschlag aufzutreiben war. Viele Griechen verdankten diesen drei großmütigen Landsleuten und ihrem selbstlosen Einsatz ihr Leben.

Hermann Hofstädt, der Lagerschreiber

Er war Deutscher, wurde von Allen Hans genannt, und war ein blitzgescheiter Mensch. Schon vor der Machtübernahme der Nazis war er als Rechtsanwalt tätig gewesen. 1936 oder 1937 wurde ihm vorgeworfen, er kümmere sich zu sehr um jüdische Belange. Das galt nach deutschem Recht als Verbrechen. Er landete im Konzentrationslager, wo er schrecklich gequält wurde. Als ich ihn kennenlernte, war er Lagerschreiber in Melk.

Er war ein begeisterter Philhellene und tat für die Griechen im Lager sein Bestes, denen er kaum eine Bitte abschlug. Im Lauf der Zeit war es ihm gelungen, durch manipulierte Einträge mehr als 500 der insgesamt 8 000 Gefangenen vor harten Arbeitseinsätzen zu bewahren. Man ahnt, was es für Folgen gehabt hätte, wenn seine Großzügigkeit aufgeflogen wäre – insbesondere, da es die größte Sorge des Kommandanten war, im Lager ja keine unbeschäftigten Gefangenen zu haben.

Wie konnte Hans 500 Gefangene direkt unter der Nase des Kommandanten sozusagen verschwinden lassen? Meinte der Kommandant, beim Zählappell würden Sträflinge fehlen, erwiderte Hans unter Vorlage seiner Bücher, er müsse sich täuschen, der Betroffene sei zu einem anderen Kommando eingeteilt.

Irgendwann kam es dann unweigerlich zum Eklat, der Kommandant schlug Hans heftig in die Magengrube und ins Gesicht. Er ließ ihm sogar die Haare kurz scheren, obwohl Hans in seiner Position das Privileg zustand, sein Haar länger zu tragen. Dieser Vorfall hat Hans aber nicht von seinem Weg abgebracht. Zusammen mit dem Arzt

Rakopoulos setzte er sich trotzdem weiterhin für die Gefangenen ein.

Verschiedene Nationalitäten in Melk

Was die Franzosen betraf, so verhielten sie sich nicht nur sehr egoistisch, sondern auch ausgesprochen griechenfeindlich. Ich musste meine gute Meinung über die Franzosen revidieren. Wie konnte es sein, dass ausgerechnet dieses Volk sich so unmöglich verhielt?
So tolerierten sie keine Griechen in „angenehmen" Arbeitskommandos, wie es Küche, Näherei oder Krankenhaus waren, und versuchten, sie auf jede erdenkliche Art und Weise aus diesen Kommandos hinauszudrängen. Dabei hatten die Griechen, im Gegensatz zu den Franzosen, nicht so viele Gönner in der zentralen Befehlsstelle, nämlich der Lagerschreibstube.
In Melk gab es einen gefürchteten Oberkapo, der ein sogenannter Zigeuner war. Seinen Posten hatte er durch dieselbe Rücksichtslosigkeit erlangt, die ihn auch sonst auszeichnete. Seine kriminelle Veranlagung und seine Brutalität waren beispiellos. Er ruhte nicht eher, bis er seine Untergebenen ins Krematorium geschickt oder eigenhändig umgebracht hatte. Solche Taten verliehen ihm Auftrieb. Zu meinem Pech war ich in seinem Block gelandet. Glücklicherweise entriss uns Skiadas dessen Klauen wieder.
Dieser schreckliche Charakter zeigte weder gegenüber dem Kommandanten noch vor der SS Respekt. Alle gingen ihm – wortwörtlich – aus dem Weg. Machte man ihm nicht schnell genug Platz, setzte es heftige Prügel. Wehe

dem, der beim Marsch ausrutschte und hinfiel. Wie ein Besessener trat er unter lautem Gebrüll auf ihn ein. Kaum einer entging seiner Wut. Beim Arbeiten gestattete er keine Verschnaufpause, es musste ununterbrochen gearbeitet werden. So etwas wie Bedauern oder Mitgefühl waren ihm unbekannt.

Mehr als 5 000 Opfer gehen auf ihn zurück, die er durch Tritte oder Faustschläge zur Strecke gebracht hat. Nicht einmal seine engsten Freunde waren vor ihm sicher, denn er vertraute niemandem. Im Grunde war sein einziger Freund ein russischer Ukrainer, der aus demselben Holz geschnitzt war wie er. Verbrechen und Niederträchtigkeiten schmiedeten sie zusammen.

Der Oberkapo erhielt nach der Befreiung des Lagers seine verdiente Strafe. Das erledigten die Gefangenen selbst, sein Tod war hart und brutal. Wie sein russischer Kumpan seiner Strafe entkam, will ich später noch erzählen.

Die russischen Gefangenen, vor allem die Ukrainer, waren durch die erlittenen Qualen keiner menschlichen Regung gegenüber den Leiden der anderen Gefangenen mehr fähig. Brüderlichkeit und Humanismus waren ihnen unbekannt. Jeder Bittsteller wurde mit wüsten Beschimpfungen zum Teufel geschickt. Nie kamen sie ohne vulgäre Worte aus, kultiviertes Benehmen war ihnen fremd. Sie nahmen täglich mindestens fünf Liter Suppe zu sich, die sie mit unersättlicher Gier in sich hinein löffelten. Essen war ihr einziger Lebensinhalt.

Russen und Ukrainer wurden von den Deutschen gerne zu Kapos ernannt, denn sie waren wilde Kerle und Meister der Prügelkunst. War man einmal in ihre Hände gefallen, kam man schwerlich mit dem Leben davon.

Ukrainische Kapos waren berühmt-berüchtigt wegen ihrer Brutalität und ihres vulgären Verhaltens. Ihnen war nichts und niemand heilig. Den Deutschen gegenüber waren sie Meister der Verstellung und zuckten auch nicht mit der Wimper, wenn es um den Verrat von Mitgefangenen ging.

Was Fluchtversuche betrifft, muss ich einräumen, dass ihr Mut fast grenzenlos war. Wurde ein Russe auch noch so sehr misshandelt, es kam kein Laut, kein einziges Wort über seine Lippen, auch wenn man ihm fast den Kopf einschlug. Fast täglich setzten sie ihr Leben aufs Spiel und bei jeder sich bietenden Gelegenheit unternahmen sie, ohne Rücksicht auf Verluste, einen Fluchtversuch. Dementsprechend gab es auch fast täglich Hinrichtungen, da die Flucht so gut wie immer misslang.

Eine Ausnahme unter den Völkern bildeten Tschechen und Jugoslawen. Sie zeichneten sich durch ihre große Güte aus, fügten niemandem Schaden zu und hatten für jeden ein gutes Wort. Sie waren immer bereit, sich nützlich zu machen und zu helfen. Hatten sie einen Funktionsposten inne, halfen sie allen, ohne Unterschiede zu machen. Von ihnen habe ich nie eine Beleidigung gehört, nie eine obszöne Geste gesehen.

Die Polen dagegen verhielten sich nicht korrekt und intrigierten gegen nicht-polnische Häftlinge. Sie waren genauso resistent gegen Prügel und Folter wie die Russen, jedoch wesentlich kultivierter. Durch ihre Bildung waren sie aber auch heimtückischer und gefährlicher. Was sie taten, taten sie in vollem Bewusstsein, und ihre Verbrechen zeichneten sich durch hartes und geschicktes Vorgehen aus.

Zum Leidwesen der anderen Gefangenen hatten in der Regel deutsche, ukrainische und polnische Kriminelle das ganze Lager fest in der Hand. Sie taten, was sie wollten und legten vor niemandem Rechenschaft über ihr Tun ab. Die Spanier waren da, obwohl gewaltbereit, aus besserem Holz geschnitzt.

Über die Ungarn kann ich eigentlich nur sagen, dass ich bis dahin selten so dicke Männer gesehen hatte, weil sie in guten Zeiten ganz verrückt nach allen fetten Speisen waren und jede Menge Entenfleisch und Schinken genossen hatten. Im Mai 1944, als ich noch in Auschwitz war, kam ein Ungar zu uns in die Schneiderei, der 230 Kilo wog. Eine SS-Wache brachte ihn zu uns, damit wir ihm einen Häftlingsanzug nähten. Wir benötigten vier normale Hosen, um eine für ihn passende anzufertigen, und drei normale Jacken für eine, die für ihn groß genug war. Für seine Wäschegarnitur verbrauchten wir vier Unterhemden und fünf Unterhosen. Es tauchten sogar SS-Journalisten auf, um ihn zu fotografieren. Die Fotos haben sie sicher mit polemischen Kommentaren gegen die Juden veröffentlicht, wahrscheinlich mit einem Untertitel wie: „Schaut euch diese ungarische Juden bloß an!" Er wurde schließlich in ein Lager bei Breslau geschickt, wo er an Erschöpfung und Unterernährung starb.

Den Deutschen war es noch im Frühjahr und Sommer 1944 gelungen, mehr als 400 000 ungarische Israeliten in die Krematorien von Auschwitz zu schicken. Von 1 000 000 ungarischen Israeliten haben nicht mehr als 400 000 den Krieg überlebt. Die anderen verschwanden noch in letzter Minute in den Gaskammern.

Die Evakuierung des Konzentrationslagers Melk
Ein Tagebuch

Sonntag, 15. April 1945

In großer Eile wurden wir auf dem Appellplatz zusammengetrieben. Die Zählung übernahm der Kommandant selbst, der uns in Hundertergruppen einteilte. Noch bevor wir den Bahnhof erreichten, der nur ein paar hundert Meter entfernt lag, griffen russische Flugzeuge erneut an. Sie schossen aus allen Bordkanonen, ohne Rücksicht darauf zu nehmen, dass wir Gefangene waren. Wir warfen uns auf den Boden und suchten, genauso wie die SS-Wachen, Schutz vor den Geschossen. Ihr Anblick brachte uns zum Lachen. Wir machten uns ganz offen über sie lustig, ohne die Folgen zu bedenken, die unser Verhalten haben konnte.

Unsere SS-Bewacher wussten nicht, was sie tun sollten. Beim Versuch, ihr Leben zu retten, hüpften sie wild hin und her, ließen die Waffen fallen und kümmerten sich nicht länger um unsere Bewachung. Wahrscheinlich hätten wir leicht entkommen können, was uns möglicherweise viel Leid erspart hätte. Aber wohin hätten wir gehen sollen? Als Fremde in einem unbekannten Land, in dem uns jeder Bürger als Feind betrachtete? Wie sollten wir entkommen, wenn uns alle 100 m eine Patrouille, deren Argusaugen nichts entging, über den Weg lief? Und warum sollten wir ausgerechnet jetzt, kurz vor dem absehbaren Ende unserer Gefangenschaft, unser Leben riskieren, das wieder etwas wert war?

Als die Flugzeuge nach einer Stunde wieder abdrehten, standen wir auf und setzten unseren Weg zum Bahnhof fort, wo der Zug auf uns wartete. Wie jedes Mal wurden wir auch diesmal trotz der Hitze in Hundertergruppen in geschlossene Waggons verfrachtet. Um 19 Uhr ging es dann los in Richtung Linz.

Von Melk aus ging es also vermutlich nach Mauthausen oder in ein anderes österreichisches Lager. Eine weitere qualvolle Reise stand uns bevor. Wir litten unter der übermäßigen Hitze, quälender Durst dörrte unsere Lippen aus. Wir sehnten uns nach ein paar Tropfen Wasser, aber es gab keins. Die SS-Wachen erlaubten uns natürlich nicht, die Waggons zu verlassen, um Wasser zu trinken.

In unserem Waggon waren fünf Griechen, 25 Deutsche und circa 70 Russen und Ukrainer untergebracht. Vom ersten Moment an spürte man, dass irgendwas faul war. Schon auf dem Weg zum Bahnhof schaute sich der erwähnte Oberkapo, der in unseren Reihen mitmarschierte, immer wieder um und vergewisserte sich, dass ihm sein Kumpel, der russische Blockälteste Alam, mitsamt seinen Freunden folgte. Er beruhigte sich erst, als er den Russen in der zweiten Hundertergruppe entdeckte. An unserem Waggon angelangt, legten sich die beiden mit den deutschen Gefangenen an, die schon eingestiegen waren, und begannen, sie unter Beschimpfungen zum Aussteigen zu zwingen.

Daraufhin wandten sich die Deutschen an die SS-Wache und beschwerten sich über das Verhalten der Russen. Aber die SS-Männer ignorierten die Beschwerden und ließen die Russen, die so viele Landsleute wie möglich im Waggon versammeln wollten, gewähren. Die Auseinandersetzungen mit den noch verbliebenen Deutschen hörten währenddessen nicht auf. Schließlich waren die Deutschen gezwungen, sich am anderen Ende des Wagens zusammenzudrängen. Von diesem Zeitpunkt an ließen die Russen keinen mehr in ihre Nähe und begannen, russische Volkslieder und ihre Nationalhymne zu singen.

Der Waggon hatte zwei gegenüberliegende Schiebetüren, eine an jeder Längsseite. An der einen Tür saßen zwei SS-Männer, an der anderen nur einer. Die Gefangenen hatten aus Sicherheitsgründen, wie gewohnt, zwei bis drei Meter Abstand von den Wachen zu halten. Die Russen bildeten einen Halbkreis in der Nähe des Einzelpostens. Was innerhalb des Halbkreises vorging, konnte der Soldat nicht sehen.

Der Gesang wollte gar nicht mehr aufhören, ganz im Gegenteil! Ab 22 Uhr wurde er immer lauter und eindringlicher. Gegen 23 Uhr machte sich eine gewisse Unruhe im Wagen bemerkbar. Alam, der russische Freund des Oberkapos, saß in der Nähe des Einzelpostens. Er gab dem Oberkapo ein Signal, der daraufhin mit seinem Begleiter – seiner „männlichen Braut" – aufstand.

Doch um zu Alam zu kommen, musste das Paar über die Körper und Köpfe der anderen Gefangenen hinwegsteigen. Dabei waren die meisten von uns noch wach, da die Hitze unerträglich und der Platz sehr beengt war.

Einer der fünf in unserem Waggon befindlichen Griechen meinte: „Die wollen türmen, deswegen sind sie alle auf die andere Seite gegangen." Und so war es dann auch. Kurz darauf feuerten die Wachen in alle Richtungen, worauf wir uns alle flach hinlegten. Als sich Gewehrrauch und Aufregung gelegt hatten, war die Zahl der Fahrgäste ziemlich reduziert. Es fehlten mindestens 20 Gefangene. Nur der Oberkapo und seine „Braut" hatten es nicht geschafft zu entkommen. Wie versteinert starrten sie auf die offene Schiebetür, gingen dann aber zurück auf ihren Platz, ohne von den Wachen behelligt zu werden, die erst einmal begreifen mussten, was überhaupt passiert war. Nach einer ersten schnellen Zählung stellte sich heraus, dass 21 Russen und ein Deutscher entflohen waren.

Die Flucht war so vor sich gegangen: Während die Russen lauthals sangen, schnitt einer von ihnen mit einem dünnen Sägeblatt ein circa zehn mal zehn Zentimeter großes Loch in die Seitenwand des Waggons. Durch dieses Loch konnte man nach außen greifen und den Türhebel betätigen. Gegen 23 Uhr stießen sie dann die Schiebetür, die sich mithilfe eines Ölfilms geräuschlos öffnete, einen Spalt breit auf. Als der Zug irgendwann langsamer fuhr, sprang einer nach dem anderen im Schutz der Dunkelheit mühelos aus dem Waggon. Doch der Deutsche, der als letzter sprang, weckte durch seine Bewegung die Aufmerksamkeit des SS-Manns, der sofort das Feuer eröffnete. Der Fliehende entriss dem Posten die Waffe und sprang aus dem Wagen.

Die anderen beiden SS-Wachen fingen daraufhin an, blind um sich zu schießen. Sie versuchten, den Zug zu stoppen, doch der Lokomotivführer konnte sie nicht hören und fuhr einfach weiter. Die Geflohenen waren jetzt in Freiheit.

Eine Vergeltungsmaßnahme hätte genauso vielen Unschuldigen wie Geflohenen das Leben gekostet. Die strikte Haltung der Wachen schlug jetzt in puren Terror um. Niemand durfte seinen Platz verlassen, nicht einmal zum Urinieren, sonst hätte man sich eine Kugel eingefangen. Der Rest der Nacht verging in großer Unruhe. Was erwartete uns am nächsten Tag? Was war, wenn die Deutschen

Vergeltung übten? Würden sie uns hinrichten, um uns loszuwerden? Wächter und Bewachte wechselten kein Wort. Auch die SS-Männer fürchteten die Konsequenzen dieser Flucht.

Das Gute an der Sache war, dass es jetzt genug Platz zum Hinlegen gab. In der Morgendämmerung kamen wir an einem verlassenen Bahnhof an, St. Peter bei Linz, wo wir den ganzen Tag blieben. Erst um 20 Uhr setzte sich der Zug wieder in Bewegung. Es ging westwärts, und somit ließen wir das Lager Mauthausen hinter uns. Freude machte sich in unseren Herzen breit. Mauthausen war für uns ein Schreckgespenst, das grausame Erinnerungen wachrief. Schon der Anblick der Festung ließ uns verstummen.

Montag, 16. April 1945

Den Rest des Tages verbrachten wir im Waggon. Alle paar Kilometer hielt der Zug an, wobei er jedes Mal stundenlang stehenblieb, dann seine Fahrt wieder fortsetzte. Bis zum Abend hatten wir kaum 100 km zurückgelegt. Erneut machten wir in einer gottverlassenen Gegend bis 2 Uhr Halt. Später ging's dann wieder weiter, immer in westlicher Richtung. Am Schluss fuhr der Zug mit so hoher Geschwindigkeit, als gelte es, die verlorene Zeit wieder aufzuholen.

Schon nach wenigen Stunden stand uns der nächste Halt bevor. Dort sahen wir viele Lichter, die an einem Berghang zu kleben schienen. Es war schwer einzuschätzen, wie hoch sie lagen. Wir fragten uns, ob sie wohl zu unserem künftigen Lager gehörten.

Um 3 Uhr hielten wir erneut an. Waren wir am Ziel? Sollten wir aussteigen? Doch der Befehl ließ auf sich warten. Wahrscheinlich waren wir also doch noch nicht am Ziel und der Zug würde bald weiter westwärts fahren.

Gerüchte gingen um, man würde uns nicht aussteigen lassen, da die Amerikaner schon so nahe seien. All das waren Spekulationen, Hoffnungen und Ängste. Dann fielen uns vor Müdigkeit die Augen zu.

Plötzlich gab es ein Stimmengewirr, gefolgt von SS-Befehlen, die uns aus dem Schlaf rissen. Niemand von uns ahnte, wo wir angekommen waren und welches Schicksal auf uns wartete.

Wir standen am Bahnhof Ebensee, und unser Leben nahm eine neue Wendung. Es sollte eins von Schwerstarbeit gezeichnetes sein, die Hoffnung auf Freilassung rückte wieder in weite Ferne.

In keinem anderen Lager wurden mir solche Schmerzen zugefügt, nirgendwo sonst musste ich so grausam hungern wie in Ebensee. Dort sehnte ich den Tod herbei, der mich von meinen Leiden erlösen sollte. Nur der Gedanke an Mutter und Schwester, von denen wir nicht wussten, was sie ihrerseits alles überstehen mussten, hielt mich am Leben und stärkte meinen Glauben an eine bessere Zukunft.

Das Lager Ebensee befand sich zwischen Salzburg und Linz in den oberösterreichischen Bergen. Auf dem Weg dorthin gab es keine Stadt und kein Dorf, die dem Bombardement und der Zerstörung entgangen waren. Bröckelnde Mauerreste zeugten von dem Unheil, das vom Himmel über sie hereingebrochen war.

Nun waren wir in ein Lager geraten, aus dem man nur schwer unversehrt und lebend wieder entkam. Trotzdem stand meine Entscheidung unumstößlich fest: Keine

Gefahr, keine Entbehrung, keine Bedrohung würden mich kleinkriegen. Denn wir waren jetzt sicher, dass der Tag der Befreiung nicht mehr fern war. Allen Widrigkeiten zum Trotz mussten wir standhaft bleiben, um in den Genuss der Freiheit, dieses göttlichen Geschenks, zu kommen.

Dienstag, 17. April 1945. Ein Albtraum

Es war 3 Uhr , als wir am Bahnhof Ebensee eintrafen. Im Waggon herrschte eine schreckliche Hitze. Durch das mit Stacheldraht bewehrte Fenster gelangte kaum Frischluft ins Innere. Wahrscheinlich war ich der Einzige im ganzen Waggon, der auf den Beinen war. Die meisten hatte der Schlaf übermannt. Die Angst und Anstrengung der letzten Tage hatten sich bleischwer auf die Lider gelegt. Durch den Stacheldraht am Fenster warf ich einen ersten Blick auf das weitläufige Lager, das sich bis zum Horizont erstreckte. Vor lauter Angst zog sich alles in mir zusammen, da wir nicht wussten, was uns erwartete. Hier gab es hohe, steil abfallende, finstere Berghänge. Das Sonnenlicht, das ihre Schroffheit hätte mildern können, ließ noch auf sich warten. Die Düsternis war bezeichnend für diese unwirtliche Landschaft. Dichte Wälder bedeckten die Hänge wie ein undurchsichtiger Schleier. Mitten im Wald verdichteten sich die Lichter, als wären sie zu einem einzigen Fleck zusammengerückt. Das musste unser zukünftiges Lager sein.

Wer wusste schon, wie viele Tage harter Arbeit voller Hunger und Not dort noch auf uns warteten? Meine Hand und mein Gesicht berührten den Stacheldraht am

Fenster und dabei spürte ich, wie sich die Minuten und Stunden in quälender Langsamkeit dahinschleppten und bleischwer auf mir lasteten. Ich dachte an die Zeit in Thessaloniki, als wir alle noch erhobenen Hauptes und in Freiheit lebten. Damals fühlten wir uns wegen unserer Volkszugehörigkeit und unserer Religion nicht unterlegen. Kein Minderwertigkeitskomplex plagte uns, wir wurden nicht gedemütigt.

Bei Tagesanbruch war Stimmengewirr zu hören. Befehle hallten, gleichzeitig wurde energisch gegen die Waggontür gehämmert. Die SS-Wache öffnete. Der Befehl, begleitet von Gebrüll und Schlägen, zwang uns, die Waggons rasch zu verlassen und Aufstellung zu nehmen.

Nach dem Zählappell standen wir zum Abmarsch ins Lager bereit. Plötzlich wurde der Befehl widerrufen und es hieß, wir würden doch nicht aufbrechen. Was sollte dieser Sinneswandel bedeuten? Es war eine emotionale Berg- und Talfahrt, dunkle Vorahnungen und schmerzliche, offene Fragen quälten uns.

Per Flüsterpropaganda erreichte uns die Nachricht, in der Nacht seien aus dem Nachbarwaggon zwölf weitere, vorwiegend russische Gefangene geflohen. Je heller es wurde, desto mehr enthüllte das Licht die Schroffheit der Landschaft. Nach der Hitze des Waggons war die Kälte gnadenlos.

Ringsum lag das üppig bewaldete, bedrückende Bergmassiv. Zwischen den Felsen ragten an den unzugänglichsten Stellen riesige Tannenbäume empor. Die Bergspitzen waren frisch verschneit und glitzerten wie Eiskristalle.

Nach dem zweiten Befehl kam der diensthabende Offizier rasch auf uns zu. Wir erstarrten vor Angst; ein ungutes Gefühl überkam uns, gleich würde etwas Schlimmes passieren. Was wir uns in dem Moment nicht vorstellen konnten, war, dass man uns jetzt – als Vergeltung für die Flucht der 21 Russen und des einen Deutschen – selektieren würde. Sofort übermannte uns eine diffuse Angst, die bald tragische Realität werden sollte.

Der für unseren Transport von Melk nach Ebensee verantwortliche Offizier befahl uns, stramm zu stehen. Dann begann er, unsere Fünferreihen abzuschreiten. Er wählte einige Gefangene aus, die gleich daneben eine neue Kolonne bildeten.

Wahllos, ohne Rücksicht auf Nationalität oder Religion, holte er Gefangene aus unserer Gruppe heraus. Schließlich hatte er 20 Mann zusammen, unter ihnen auch Deutsche, die normalerweise die Gunst und Unterstützung der SS genossen. Als er die erste Reihe abschritt, griff er meinen Vater heraus und schickte ihn zu der 20-köpfigen Gruppe. An mir ging er achtlos vorbei.

Jetzt befand ich mich in der Zwickmühle. Sollte ich zu meinem Vater gehen oder in meiner Fünferreihe bleiben? Blieb ich, verlor ich ihn vielleicht für immer, nachdem wir 22 Monate gemeinsam überstanden hatten, nachdem wir in jedem Lager gemeinsam durch dick und dünn gegangen waren. Trotz der unklaren Lage entschied ich mich, zu meinem Vater zu gehen. Als ich schließlich die Absicht des Auswahlprozesses begriff, war es zu spät. Bislang hatten es mein Vater und ich in den vorherigen Lagern so gehalten, dass wir uns gemeinsam in unser gottgewolltes Schicksal fügten.

Nach der Selektion stellten wir uns neu in Fünferreihen auf. Alles Überflüssige, selbst unsere Proviantrucksäcke, sollten wir ablegen. In diesem Moment wurde uns bewusst, dass uns nun – als Vergeltungsaktion der nächtlichen Flucht der Mitgefangenen aus unserem Waggon – das Erschießungskommando erwartete. Auch von den Häftlingen des Nachbarwaggons waren einige zur Hinrichtung bestimmt worden und wurden zu uns geführt, sodass wir nun insgesamt 34 Häftlinge waren. Die kaltschnäuzige Ankündigung des diensthabenden Offiziers traf uns wie ein Keulenschlag. Er suchte die Soldaten für das Exekutionskommando aus und befahl ihnen, die Waffen durchzuladen. Dann führte man uns zur Hinrichtungsstätte.

Manche Kameraden flehten den Offizier an, sie seien unschuldig, da fast nur Russen geflohen seien, mit denen sie absolut nichts zu tun hätten. Sogar Deutsche seien geflohen. Was konnten sie also dafür?

Der Offizier wollte nichts davon hören. Brutal schlug er auf die Häftlinge ein. Ich selbst hatte jeden Realitätsbezug verloren. Die bevorstehende Erschießung war etwas so Unvorstellbares, dass ich mich sozusagen aus der Situation „ausklinkte". Seelisch völlig am Ende, brach ich in Tränen aus.

Angesichts der völlig überraschend angesetzten Exekution erfasste mich so große Verzweiflung, dass ich kleinmütig wurde. Es war ein so ungerechter Tod. Viele fingen an zu schreien, andere weinten. Der Einzige, der die Nerven behielt, war mein Vater, der die anderen noch zu trösten versuchte. Diejenigen, die der Selektion entgangen waren, mussten tatenlos zusehen, was mit uns geschah. Da rief er ihnen zu, diese Exekution sei eine sinnlose Handlung, insbesondere jetzt, da sich das Ende der Sklaverei am Horizont abzeichnete. Ich war stolz auf die Haltung meines Vaters.

Der Himmel war klar und wolkenlos und hinter dem Berggipfel zeichnete sich der Sonnenaufgang ab. Die Kälte wurde noch durchdringender, da wir auf Befehl des Offiziers auch einen Teil der Kleidung abgelegt hatten. Niemand von uns hatte es eilig, diesem ungerechten Tod entgegenzutreten, doch unsere Bewacher drängten uns zum Weitergehen. Auf dem Weg zur Hinrichtung kam uns ein Unteroffizier aus dem Lager entgegen. Er trat auf den Offizier zu, um die Gefangenen des Nachttransports zum Lager führen, und fragte nach der Anzahl der Neuankömmlinge. Dieser gab 1 400 an, inklusive der 34, die gerade zur Exekution geführt würden. Unsere Leichen wollte er im Anschluss ins Lager schaffen lassen.

Der Unteroffizier merkte an, dass eine Vergeltungsmaßnahme unmittelbar nach der Flucht hätte durchgeführt werden müssen, und nicht jetzt, Stunden später. Der ziemlich angetrunkene Offizier beschimpfte den Unteroffizier und warf ihm Befehlsverweigerung gegenüber einem Vorgesetzten vor. Er würde ihn wegen fehlenden Pflichtbewusstseins anzeigen, sobald sie wieder im Lager seien. Der Unteroffizier ließ ihn reden und trat zu den Nichtselektierten.

Wir alle hatten die Szene schweigend verfolgt und ein winziger Hoffnungsschimmer keimte in uns auf. Der Unteroffizier wollte die unvollzählige Kolonne der Nichtselektierten so schnell wie möglich durch Verurteilte auffüllen, um sie endlich ins Lager zu führen. Wir dachten, der Offizier habe nun den Überblick verloren und würde sich mit unserem Weggang abfinden. Aber leider war dem nicht so. Er kam auf die erste Kolonne zu und befahl uns Todeskandidaten, sofort herauszutreten.

Er drohte, andere zu selektieren, wenn wir nicht gehorchen sollten. Es war sinnlos, sich länger zu drücken. Die Nichtselektierten hätten uns bestimmt verraten. Jetzt war uns klar, dass es für uns keine Rettung mehr gab. Aber das Lagerleben hatte uns zwei wertvolle Dinge beigebracht: „Verzweifle nicht!" und „Verliere nie den Glauben an Gott!" Man konnte nie voraussehen, was ein paar Minuten später passieren würde. Selbst dann nicht, wenn man bereits vor dem Erschießungskommando stand. Wenn es bestimmt ist, gerettet zu werden, kommt man mit dem Leben davon. Dieser Glaube bewahrte uns vor der letzten, tiefen Verzweiflung. Doch dieses Mal glaubte selbst ich nicht mehr an unsere Rettung.

Der Unteroffizier begleitete das Gros der Häftlinge ins Lager, wir blieben zurück. Der Offizier wiederholte seinen Befehl an uns Selektierte, dem Exekutionskommando zu folgen. Mit schleppenden Schritten schlurften wir unserem Tod entgegen. Jetzt gab es keinen Zweifel mehr. Die SS-Mannschaft drängte uns, denn es galt, die verlorene Zeit aufzuholen. „Ihr hättet schon viel früher dran sein sollen", erklärten sie uns. Dabei versäumten sie natürlich nicht, uns zu schlagen. Mir stand das Bild meiner Mutter und meiner Schwester eindringlich vor Augen. Der Gedanke schockierte mich, dass sie ab sofort schutzlos waren und ich sie nie wiedersehen würde.

Ich war davon so mitgenommen, dass ich nicht bemerkte, dass ich ein paar Meter hinter der Gruppe zurückgefallen war. Ein plötzlicher Schmerz durchzuckte mich und riss mich aus meinen qualvollen Gedanken. Ein SS-Mann hatte mir seinen Gewehrkolben in die Rippen gestoßen. Dieser Schmerz erfüllte mich mit solcher Bitternis, dass ich hemmungslos in Tränen ausbrach. Musste man uns sogar auf dem Weg zur Hinrichtung misshandeln? Und das ausgerechnet zu einem Zeitpunkt, da unsere Rettung schon greifbar nahe war?

Jetzt, da wir so viele entsetzliche, unmenschliche Torturen überlebt hatten, jetzt, da die Hoffnung auf Heimkehr und das innige Wiedersehen mit geliebten Menschen fast Gewissheit war, ausgerechnet jetzt musste sich uns wider Erwarten der Tod in den Weg stellen? Solche Gedanken ließen mich und die anderen nicht los.

Schließlich erreichten wir den Ort der Hinrichtung. Die Raucher unter den Gefangenen durften sich nicht einmal eine letzte Zigarette anzünden. Und wehe dem, der sich bückte, um einen Zigarettenstummel der SS-Leute aufzulesen!

Die Zeit verging, und langsam verfestigte sich der Eindruck, dass die Auseinandersetzung zwischen Offizier und Unteroffizier der Grund war, dass man uns noch am Leben ließ. Statt uns den Mut zu rauben, erfüllte die Wartezeit unser Herz mit neuer Hoffnung. Nach einer halben Stunde tauchte erneut der Unteroffizier auf und führte uns völlig unerwartet wieder in Richtung Lager. Wir hatten keine Ahnung, was das sollte. Am Haupttor des Lagers angekommen mussten wir wieder stundenlang ausharren, bis ein hoher Offizier erschien, der – wie wir später erfuhren – der Lagerkommandant Anton Ganz war. Er machte eine verächtliche Geste und meinte mit Blick auf das Tor: „Rein mit den Straßenkötern!"

Fast wäre uns vor lauter Freude das Herz stehen geblieben! Der Unteroffizier erzählte uns am Tor mit Gesten, dass die Unterredung mit dem Kommandanten positiv für uns ausgegangen sei.

Nach der Befreiung des KZ Ebensee töteten wir alle SS-Männer, derer wir habhaft werden konnten. Den Unteroffizier haben wir verschont, da er uns das Leben gerettet hatte. An den Gewaltexzessen seiner Kollegen hatte er nie teilgenommen. Die ehemaligen Todeskandidaten, darunter auch mein Vater und ich, haben den US-Behörden einen Bericht überreicht, in dem wir diese letzte schwere Prüfung schilderten. Wir baten darin, den Unteroffizier aufgrund seines anständigen Verhaltens zu amnestieren.

Später erfuhren wir, dass ihn die Amerikaner unter ihre Fittiche genommen hatten. Er fand Arbeit bei den amerikanischen Besatzungsbehörden, da er sich nichts hatte zuschulden kommen lassen.

Den Tod, dem ich aus nächster Nähe ins Gesicht geblickt hatte, und die entsprechende Todesangst konnte ich so schnell nicht wieder vergessen. Sie hatte mich verändert und mir die Zuversicht geraubt. Alles, was wir bei der Ganzkörperrasur im Lager hörten, und die heftigen Prügel, die uns die Blockältesten versetzten, bestärkten unsere schlimmsten Befürchtungen.

Trotzdem hielt ich an meiner Überzeugung unbeirrt fest: Mich würde nichts und niemand kleinkriegen. Nicht nur ich, sondern wir alle wussten, dass die Freiheit schon zum Greifen nah war. Wir mussten um jeden Preis durchhalten und überleben.

Die Geschichte des Konzentrationslagers Ebensee

Die Behandlung der Gefangenen durch die SS

Das Lager Ebensee bestand seit anderthalb Jahren. 30 Baracken dienten als Häftlingsunterkünfte, in zehn weiteren waren Krankenhaus, Wäscherei, Entlausungsanstalt, Küche und Bäckerei untergebracht.

In Ebensee lebten 8 000 Gefangene. Als wir dort ankamen, gab es 5 000 SS-Leute, die sich nach dem Rückzug aus anderen Lagern dort angesammtelt hatten. Das Verhalten der Wachmannschaften gegenüber den Gefangenen war in allen Lagern ähnlich. Ausnahmen bildeten nur das Lager Mauthausen und – vor allem – Ebensee. Denn dort war die Grausamkeit der Waffen-SS besonders groß.

Erhielt man in Ebensee keine Unterstützung durch Mithäftlinge, war der Tod eine Frage von wenigen Tagen. Der Hunger nahm dort erschreckende Dimensionen an, schlimmer noch als in jedem anderen Lager, das ich bis dahin kennengelernt hatte. Das zeigte sich in erster Linie bei der überaus anstrengenden Arbeit, die den Häftlingen abverlangt wurde.

Nirgendwo hat mich der Hunger so sehr gequält wie in Ebensee, dabei musste ich – unter der Knute der Aufsichtspersonen – pausenlos und bis zum Umfallen arbeiten. Man hörte das Sirren der Peitsche schon, bevor die Riemen auf den geschundenen Körper niedersausten. Die SS-Wachen waren in einem Gewaltrausch. Sie schlugen aus purem Vergnügen, sie schlugen, um ihr niederes, flüchtiges Bedürfnis nach Erniedrigung der Häftlinge zu befriedigen.

Unsere Essensrationen waren: Morgens eine wässrige Brühe, die Tee genannt wurde. Oft musste man sich davon übergeben, manchmal bekamen wir aber auch gar nichts, weil die Ausgabe so schleppend voranging, dass keine Zeit mehr zum Trinken blieb. Dann mussten wir die Flüssigkeit in die Latrine kippen. Mittags gab es nach dem qualvollen Arbeitseinsatz einen Liter Wasser, der sich Suppe schimpfte. Darin schwammen nur ein paar schmutzige Kartoffelschalen, die dazugehörigen Kartoffeln bekamen die SS-Mannschaften.

Während meines einmonatigen Aufenthalts konnte ich in der Suppe keine einzige Kartoffel entdecken, an sie kamen nur Kapos und Blockälteste heran. Bei der Essensausgabe wurde nämlich die Suppe in dem Behälter nicht umgerührt. Auf diese Weise gelangte die Suppeneinlage nicht nach oben. So waren die unglückseligen Gefangenen gezwungen, ihre Brotration gegen die gehaltvollere Suppe der Blockältesten einzutauschen. Abends bekamen wir ein Neuntel eines Kilolaibs aus Kleie und Sägemehl, denn dieses Abfallprodukt der Mühlenproduktion gab es in den Vorratsräumen der Lagerbäckerei reichlich.

Als die Amerikaner das Lager am 6. Mail 1945 einnahmen, regnete es sintflutartig und die Straßen waren voller Schlamm. So wurde die Kleie zum Andicken des Morasts auf die Verkehrsflächen gekippt. Aber selbst eine Woche nach der Befreiung starben in den Krankenhäusern immer noch täglich rund 500 Gefangene an Unterernährung und Vitaminmangel.

In Ebensee gab es keine großen Krematorien wie in Auschwitz-Birkenau. Das Lager war auf einer Anhöhe erbaut und blickte auf das schöne Tal, in dem auch die Ortschaft Ebensee liegt. Etwa 500 m vom Lager entfernt erhob sich ein bewaldeter, steiler Berg. Im nahegelegenen Steinbruch arbeiteten die beklagenswerten Gefangenen für den Sieg des Dritten Reiches. Zusätzlich waren Zivilarbeiter aus ganz Europa – darunter auch aus Griechenland – mit etwas leichteren Aufgaben betraut.

Die große Zahl der Zivilarbeiter war eine Besonderheit von Ebensee. Sie waren, anders als wir, nicht inhaftiert. Bei der geringsten Verfehlung wurden sie allerdings auch zu uns ins Lager gesperrt. Ihre Präsenz im KZ Ebensee bezeugt, dass dieses Lager – im Gegensatz zu anderen – kein reines Vernichtungslager war. Die Zivilarbeiter lebten unter besseren Bedingungen und genossen bestimmte Privilegien. Manche von ihnen haben uns sehr geholfen. Ihnen ist es zu verdanken, dass viele von uns am Leben geblieben sind. Andere aber nutzten ihre Sonderstellung zum eigenen Vorteil aus und behandelten uns unvorstellbar hart.

Manche Zivilarbeiter steckten mit den Nazis unter einer Decke, unterstützten sie sogar aktiv bei ihrem gewissenlosen Tun und der Vernichtung der Gefangenen. Sie biederten sich bei ihren „Herren" an. So sicherten sie sich größere und bessere Essensrationen und auch leichtere Arbeitseinsätze. Es gab einen Griechen im Lager, der andere beim Kapo denunzierte, wenn man ihn nur um Feuer zum Rauchen bat, was verboten war. In einem konkreten Fall forderte ihn der Kapo auf, die Bestrafung eines anderen Griechen durch 25 Peitschenhiebe eigenhändig vorzunehmen. Der Zivilarbeiter weigerte sich jedoch mit der Begründung: „An einem Griechen mache ich mir nicht die Hände schmutzig!" Dabei hatte er doch die Strafe des Landsmanns selbst provoziert.

In Ebensee gab es eine Mineralölraffinerie und weitere Anlagen, die sich noch im Bau befanden. Dort arbeiteten insgesamt 10 000 Menschen, darunter 8 000 Gefangene. Bei nahezu allen Arbeiten waren Häftlinge beschäftigt, wie beispielsweise auch am Bahnhof von Attnang-Puchheim. Nach seiner Zerstörung am 21. April 1945 mussten täglich 4 000 Gefangene, die sogenannte Todeskolonne, in Güterwaggons oder zu Fuß zu diesem gebracht werden, um ihn wieder aufzubauen. Jeden Mittag gab es einen alliierten Luftangriff, kein Tag verging ohne Bombardement. Daher gingen abends alle Lichter rund um das Lager aus und die externen Arbeiten wurden eingestellt. In den Fabriken ging die Arbeit jedoch ununterbrochen weiter, das galt sogar für die Zivilarbeiter. Neben der Mineralölraffinerie gab es Produktionsstätten für Flugzeugteile, die sich in unterirdischen Stollen befanden.

Die Lebensbedingungen der Häftlinge waren miserabel, geprägt von grenzenlosem Schmutz und ekelerregender Kleidung. Eine saubere Decke hatte Seltenheitswert, die meisten waren von Kranken verunreinigt worden, die unter Durchfall litten und es nicht rechtzeitig zur Toilette geschafft hatten. Läuse und Flöhe waren Alltag im Lager Ebensee.

Erbaut auf einer Anhöhe lag das Lager inmitten eines Meeres von Tannenbäumen. Die Sonne habe ich erst bei der Lagerbefreiung wahrgenommen, als hätte sich sogar der Himmel über unsere Rückkehr ins Leben gefreut. Normalerweise waren Regen oder Schneeregen der Dauerzustand.

An meinen letzten Arbeitseinsatz am 1. Mai 1945 kann ich mich noch lebhaft erinnern. Ich hatte Nachtschicht und, ganz abgesehen von der unerbittlichen Kälte, peitschte uns auch noch der Schnee ins Gesicht. Die Kälte behinderte unsere Arbeit enorm. Bei Regen bildeten sich wahre Sturzbäche und das Lager verwandelte sich in einen Schlammkrater. Der Regen, speziell der Eisregen, war der größte Feind der Häftlinge. Während der Arbeit fand man nirgends einen trockenen Unterschlupf und selbst in den Baracken tropfte es von der Decke.

In Ebensee lernte ich auch den schroffen, schadenfrohen Charakter der Spanier und der sogenannten Zigeuner kennen. Deutsche, Polen, Zigeuner und Spanier hatten das Lager unter Kontrolle, und ihre Niedertracht äußerte sich in jeder ihrer Handlungen. Doch als die Stunde der Freiheit endlich gekommen war, entging niemand der Rache seiner Mitgefangenen.

Mein Leben im Konzentrationslager Ebensee
Ein Tagebuch

Samstag, 14. April 1945

Nachdem wir vor dem sicheren Tod gerettet waren, kamen wir im Lager an, wo die Nichtselektierten unseres Transports bereits versammelt waren. Stundenlang mussten wir dort gemeinsam ausharren. Schon bald ahnten wir, dass uns neue Torturen bevorstanden. Die Prügel in Ebensee konnten einen das Fürchten lehren. Nur wenn sich die Alliierten beeilten, hatten wir eine Überlebenschance. Diese Hoffnung allein bewahrte uns davor, völlig zu verzweifeln.

Mittags wurden wir namentlich aufgerufen und mussten Hundertergruppen bilden. Dann folgten die Ganzkörperrasur und ein Desinfektionsbad. Zuerst waren die deutschen politischen Gefangenen, die ihre Sachen behalten durften, an der Reihe. Auf uns, die übrigen Gefangenen, warteten hingegen schlimme Schikanen.

Wir waren erst am späten Nachmittag an der Reihe. Zur Ganzkörperrasur waren zahlreiche Friseure angerückt, sodass die ganze Prozedur nicht lange dauerte. Seltsamerweise wurden wir dabei weder schlecht behandelt noch geschlagen. Trotzdem machten sich in unseren Herzen schlimme Vorahnungen breit.

Nach dem Bad wurden wir am späten Nachmittag zur Quarantäne zum Block 25 geführt. Vier Gefangene sollten in einem Bett unterkommen. Erstaunlicherweise gab es genug Decken, sodass wir nicht unter der Kälte leiden mussten.

Der Tag verlief ruhig, vielleicht weil wir aufgrund eines Ausgehverbots keine weiteren Informationen über das Lager sammeln konnten. Unsere Kleidung war zwar in der Entlausungskammer, in der Zwischenzeit konnten wir uns aber in die Decken hüllen.

Im Quarantäneblock bekamen wir pünktlich unser Mittagessen. Die kleine Brotration war allerdings ungenießbar, sie bestand nur aus Hobelspänen und Sägemehl. Zu viert in ein Bett gepfercht, war an Schlaf nicht zu denken. Am nächsten Morgen waren unsere Gliedmaßen so steif, dass wir uns kaum bewegen konnten.

Donnerstag, 19. April 1945. Quarantäne

Auch dieser Tag verstrich relativ harmlos. Wir wurden registriert und bekamen neue Lagernummern. Da wir unsere Kleidung noch nicht zurückbekommen hatten, konnten wir nicht zur Arbeit antreten. Erst gegen Mittag traf sie aus der Entlausungsanstalt ein und wurde an die Gefangenen verteilt.

Vor der Rasur hatten wir unsere Kleidung, mit unserer Registriernummer versehen, gebündelt hinlegen müssen. Es hieß sogar – und das war auch unsere Hoffnung –, dass wir dieselbe Kleidung wiederbekommen würden, da keine andere zur Verfügung stehe.

Gleich nach Eintreffen der Kleider stürzten sich die Russen darauf und fischten sich, ohne auf die anderen Rücksicht zu nehmen, die besten Stücke heraus. Während viele von uns ihre alte Kleidung zurückbekamen, mussten sich etliche Häftlinge fremde Sachen zusammensuchen.

Nach dieser „Verteilung" gab es im Block Ärger. Jeder glaubte, seine eigene Kleidung an einem anderen zu erkennen. Zum Glück intervenierte der Blockälteste und rief uns mit ein paar Fausthieben zur Ordnung. Es herrschte auch in diesem Lager das Recht des Stärkeren.

Am Tag unserer Ankunft im Lager waren drei Gefangene auf dem Appellplatz gehängt worden, die versucht hatten zu fliehen. Uns hatte das nicht sonderlich beeindruckt, denn wir waren solche Aktionen gewohnt. Abends wurden wir informiert, dass wir am nächsten Tag den Quarantäneblock verlassen und zur Arbeit gehen würden.

So begann er wieder, der fatale Kreislauf des Leidens und der Angst – und unser verzweifeltes Ringen mit dem Tod.

Donnerstag, 19. bis Sonntag, 22. April 1945.
Beim Arbeitseinsatz

Am 19. April wurden wir auf die verschiedenen Arbeitsstellen in den Blöcken verteilt, bei denen wir von nun an dauerhaft bleiben sollten. Durch das Fenster des Quarantäneblocks kletterte ich nach draußen. Ich wusste ja zu Genüge, wie es in den deutschen Lagern lief. Eile mit Weile: Es war ratsam, so spät wie möglich am Bestimmungsort zu erscheinen.

So machte ich meine Runden durchs Lager und wartete auf den Hinweis, wohin es diesmal gehen sollte. Mein Vater konnte wegen seines verletzten Beines den Block nicht verlassen. In der Mittagszeit wurden mein Vater und ich aufgerufen, beim Dienst in Block Soundso zu erscheinen. Doch ich folgte der Aufforderung nicht, sondern überließ mich dem Lauf der Dinge und dem Willen Gottes.

Mein Vater wurde in den Block 11 geführt, der als „Baukommando Universale" bekannt war. Nach dieser Arbeitsselektion wurde verkündet, dass die restlichen Gefangenen des Quarantäneblocks am nächsten Tag „gute Arbeit" bekommen würden.

Mit dieser Neuigkeit lief ich am Nachmittag des 19. April zu meinem Vater und bat ihn, meinen Platz im Quarantäneblock einzunehmen. So kam ich zu meinem ersten Arbeitseinsatz in Ebensee. Aber ich hatte Pech, denn es war körperliche Schwerstarbeit, und ich fürchtete, sie auf Dauer nicht durchstehen zu können.

Meine Arbeitszeit war von mittags bis 23 Uhr. Es war entsetzlich kalt, als wir uns auf dem Lagerplatz versammelten. Eine Stunde verging, bis die Übrigen eintrafen. Zusammenkunft war immer um 14 Uhr, erst um 15 Uhr ging es dann zur Arbeitsstelle, die nur etwa 700 m vom Lager entfernt lag. Der holprige, durch Frost und Schnee rutschige Weg führte steil bergauf.

Schon am ersten Tag grübelte ich auf dem Weg zur Arbeit über die Frage nach, wann der Tag der Befreiung wohl endlich kommen würde. Dabei hielt ich vorsichtshalber den Kopf gesenkt, um nicht weiter aufzufallen. Doch ein verzweifelter Aufschrei und ein dumpfer Aufprall holten mich in die Wirklichkeit zurück. Ein Kamerad war ausgerutscht und konnte nicht mehr aufstehen, und niemand kam ihm zu Hilfe. Der Kapo lief zu dem Gestürzten und bearbeitete ihn mit Tritten, bis er keinen Laut mehr von sich gab. Ein letzter, heftiger Tritt gegen die Brust besiegelte sein Schicksal.

Diese entsetzliche Erfahrung lehrte mich, auf der Hut zu sein. Jede Bewegung musste gut überlegt sein, damit ich nicht selbst so endete. Schließlich erreichten wir die Arbeitsstelle. Erneute Aufstellung, wieder Zählappell. Danach wurden die Neuankömmlinge aufgeteilt und eingewiesen.

Es ging hinunter in den Schacht. Schon auf dem Weg in den Hauptstollen war das Getöse der Bohrer so ohrenbetäubend, dass es mir die Kehle zuschnürte. Es war unmöglich, sich zu verständigen. Darüber hinaus war die Feuchtigkeit unerträglich, von überall tropfte Wasser.

Der Berg bestand aus beinhartem Felsgestein. In Sprengkanälen wurde Dynamit platziert, um es kontrolliert zu sprengen. Im Anschluss fuhr das Räumkommando ein und transportierte das Ausbruchmaterial mit Loren aus den Stollen. Mit einer Grubenbahn wurde der Schutt zu einer Schlucht gefahren, die aufgefüllt werden sollte, um einen Bauplatz für neue Produktionsanlagen zu schaffen.

Der Schaufellader, der dabei zum Einsatz kam, war eine seltsame Maschine, die mit Druckluft betrieben wurde und einen Höllenlärm machte. Vorne hatte er große Stahlzähne, die sich durch das Bedienen eines Hebels auf- und abwärts bewegten. Hinter diesen Zähnen war eine Schuttmulde befestigt, in der das Geröll aufgefangen wurde. Von dort fiel es in die Loren.

Die 30–50 kg schweren Bohrgeräte öffneten zwar nur Löcher, durchdrangen dabei aber selbst das härteste Gestein. Wiederholt mussten wir damit in die Decke bohren, um Sprengkanäle für das Dynamit zu schaffen. Diese äußerst anstrengende Arbeit erforderte Geschicklichkeit und Übung, die sich jedoch kaum einer aneignen konnte, da wir uns in kurzen Intervallen abwechseln mussten. Jedes Mal, wenn ich das Bohrgerät bediente, bekam ich steife Arme und konnte sie danach kaum noch bewegen.

An diesem ersten Tag jedoch, der ohne weitere Komplikationen verging, schob ich – zusammen mit 12 Kameraden – nur die Loren bis zum Ausgang des Hauptstollens. Unsere Müdigkeit hielt sich in Grenzen, da uns die Arbeit weniger anstrengte als befürchtet.

Am nächsten Tag wiederholte sich die gleiche Prozedur: Zusammenkunft und Arbeitsantritt. Der Hunger machte allerdings den Alltag zu einer unerträglichen Qual. Oft wachten wir sogar nachts davon auf. Schon beim Gedanken, am nächsten Tag wieder zur Arbeit zu müssen, wurde unser Hungergefühl noch quälender.

Das Essen wurde von russischen Gefangenen aus der Küche in den Block gebracht. Auf dem holprigen Weg schwappte die Suppe beim Transport ständig über. Es waren dann vorwiegend Russen, die hinter dem Essenswägelchen herliefen und mit dem Löffel alles aufkratzten, was – vermischt mit viel Dreck – zu Boden geschwappt war. Dann schlürften sie den Inhalt des Löffels hingebungsvoll aus. Manche Häftlinge ergatterten Knochen, welche die SS-Wachen ihren Hunden zuwarfen. Sie lutschten so lange daran herum, bis auch der letzte Fleischgeschmack verflogen war. Manche zermahlten den Knochen mit einem Stein und nahmen die kleinen Knochensplitter dann zu sich. Danach suchten sie auch noch den Boden nach den kleinsten, womöglich übersehenen Überresten ab. Bei diesem Anblick drehte sich mir der Magen um, und ich bat Gott, mir die Kraft zu geben, mich nicht vom Hungergefühl steuern zu lassen.

Der unerträgliche Hunger quälte uns auch während der Arbeit. Eine Lösung bot der Teer, der im Stollen gekocht und dessen Rückstände weggeworfen wurden. Gleich nach dem Eintreffen im Schacht schoben wir uns ein Stück des erkalteten Teerrückstands wie Kaugummi in den Mund – natürlich, ohne dass der Kapo etwas mitbekam. Am Anfang klebte die Masse an den Zähnen und der Geschmack war alles andere als angenehm.

Doch mit der Zeit fühlte es sich an wie Mastix, der griechische Kaugummi. Es gab keinen Gefangenen, der nicht wenigstens einmal vom Teer probiert hat. Damit versuchten wir, unser Hungergefühl zu überlisten.

Anfangs vermied ich es, den Teer zu kauen. Doch als ich mich daran gewöhnt hatte, schien er mir lecker wie eine Süßigkeit. Immer, wenn der Tag zu Ende ging, pries ich den Herrn, dass ich zwar hundemüde, aber noch am Leben war.

Am Sonntag musste ich das Bohrgerät bedienen, eine harte und zermürbende Arbeit. Ich durfte keine Minute aussetzen, sonst wäre der Vorarbeiter gekommen und hätte mich verprügelt. Und das hätte mein Todesurteil sein können.

Die Nachrichten, die uns über die Zivilisten des Lagers erreichten, müssen den deutschen Aufsichtspersonen im Lager ein Trost gewesen sein, denn sie kaschierten das Ausmaß der deutschen Niederlage. Wir Gefangenen ahnten nicht, dass die US-Streitkräfte nur wenige Kilometer vor Berlin standen und dass sich russische und amerikanische Truppen an der Elbe vereinigt hatten. Wir wussten weder, dass der Krieg in Norddeutschland im Wesentlichen vorbei war, noch, dass nur noch Zentralösterreich, und damit auch Ebensee, unter deutscher Besatzung stand.

Wir waren völlig verzweifelt und hatten uns damit abgefunden, dass dieses qualvolle Leben nur mit dem baldigen Tod enden konnte. Obwohl wir alle Hoffnung aufgegeben hatten, brannte immer noch der Wunsch in uns, den ungerechten Tod unserer Väter, Mütter und Geschwister zu rächen.

Auf dem Weg zur Baracke begann es gegen 23 Uhr zu regnen. Der Regenschauer peitschte uns so heftig ins Gesicht, dass uns der Atem stockte. Wir waren bis auf die Haut durchnässt. Im Block hieß es dann: Wir sollten uns ausziehen, aufstellen, an der Entlausungsanstalt die Kleidung zur Entwesung abgeben und dann das übliche Desinfektionsbad nehmen.

Im strömenden Regen warteten wir splitternackt auf den Zählappell. Erst als feststand, dass niemand im Dunkeln getürmt war und sich niemand unterm Bett versteckt hatte, durften wir ins Bad. Plötzlich ertönte die Sirene. Hätten wir uns im Block befunden, hätte uns der Alarm keine besondere Angst eingejagt. Wir wären glücklich darüber gewesen, dass uns die Alliierten offenbar nicht vergessen hatten.

Doch wir standen im Freien, immer noch nass bis auf die Knochen. Der Blockälteste entschied in seiner Niedertracht, wir sollten während des Alarms draußen bleiben, um den frisch gewichsten Boden des Blocks nicht zu verunreinigen.

Zur Entlausung zu gehen, machte wenig Sinn, da Verdunkelung herrschte. Und so standen wir stramm im Regen, völlig nackt in eisiger Nacht. Der Alarm dauerte ewig und der Regen wurde immer stärker. Erst nachdem über eine Stunde später die Lichter wieder angegangen waren, ging es weiter zur Entlausungsanstalt.

Zuerst setzte es dort harte Schläge auf den Rücken, dann verbrühte uns das heiße Duschwasser. Danach drückte man uns eine Zellulosedecke in die Hand und schickte uns im Regen zum Block zurück. Nackt und nur in eine Decke gehüllt, übermannte uns trotz der klammen Kälte sofort der Schlaf.

Nur in meinem Herzen kehrte keine Ruhe ein. Diesen Tag konnte ich so schnell nicht vergessen. Angeblich war ich nicht schnell genug zur Entlausungsanstalt gelaufen, um meine Kleidung abzugeben. Dafür wurden mir 25 Stockschläge aufs Gesäß aufgebrummt. Zudem hatte ein Stück altes Papier, das ich mir vor die Brust gehalten hatte, um die Kälte zu mindern, den Missmut der Wachen erregt. So bekam ich noch sieben weitere Stockschläge auf die gleiche Stelle. Bald war mein Hinterteil ganz taub, ich fühlte nichts mehr. Danach konnte ich eine ganze Woche nicht sitzen, alles war blau angelaufen.

Daher fand ich keinen Schlaf, ich fühlte mich zutiefst ungerecht behandelt. Ich war bestraft worden, obwohl ich nichts verbrochen und niemandem geschadet hatte. Noch nie hatte ein Blockältester oder ein SS-Mann Grund zur Beschwerde über mich gehabt.

Nach diesem Vorfall traf ich eine unwiderrufliche Entscheidung, die ich aber für mich behielt: Ich würde bis zum Tod oder zur Befreiung alles klaglos über mich ergehen lassen. Trotzdem verfestigte sich in mir die Überzeugung, dass ich nicht mehr lange zu leben hatte. Ich sah mich schon im Krankenhaus und dann im Krematorium.

In dieser Situation gab mir mein Vater durch seinen Rat die Kraft, um jeden Preis durchzuhalten. Das Überleben erschien jetzt erstrebenswerter denn je. In dieser Zeit, da er selbst von schwerer Arbeit verschont blieb, war er mir eine große moralische Stütze.

Montag, 23. bis Freitag, 27. April 1945.
Neuer Arbeitseinsatz

Mein Leben war, bis auf die niederschmetternde Arbeitssituation, erträglich. Ich zählte die Sekunden, während ich die Lore schob, ich zählte sie, während ich das Bohrgerät bediente, ich zählte sie mit zittrigen Fingern beim Appell, selbst dann, wenn ich meine „Suppe" löffelte.

Ich dachte, die Zeit sei stehengeblieben, es fühlte sich wie eine Ewigkeit an, wenn ich das Bohrgerät senkrecht über dem Kopf hielt. Das Gefühl, dass die Zeit still stand, trieb mich in den Wahnsinn. Oft näherte ich mich heimlich dem Kapo und fragte ihn nach der Uhrzeit, denn er war der einzige, der eine Uhr tragen durfte. Ich traute mich das auch nur, weil er ein deutscher Zivilarbeiter war. Doch immer hatte ich den – falschen – Eindruck, dass seine Uhr nachging oder stehengeblieben war. Meine Gedanken überschlugen sich. Die ständige Frage nach der Uhrzeit war zu einer quälenden Obsession geworden.

Die harte Realität bestätigte jeden Tag den Eindruck, eine verhasste Arbeit zu tun. Immer wieder kam es zu elektrischen Kurzschlüssen, woraufhin die Lichter ausgingen und im Stollen Dunkelheit herrschte. Dann rannten die meisten zum Ausgang, teils aus Angst vor einer Gasexplosion, teils aus Furcht vor Steinschlägen. Selbst bei Regen oder Schnee war es besser, draußen zu sein, als im Stollen zu bleiben.

Es war ein Bild wie aus Dantes Inferno oder wie bei einem Lawinenunglück: Menschen drängten sich in grenzenloser Panik durch den Stollen, schubsten sich gegenseitig, stolperten, schlugen um sich, nur, um in der Finsternis den rettenden Ausgang zu finden.

Ich selbst presste mich in eine Felsnische des Stollens und wartete auf die Entwarnung. Während die Menschenmenge an mir vorbeiraste, gönnte ich mir dort nach der schweren Arbeit eine kleine Verschnaufpause. Ich sehnte mich geradezu nach solchen Vorfällen, sie versetzten mich in eine Art Dämmerzustand.

Eines Tages wurde ich jedoch eines Besseren belehrt. Es gab nämlich auch Sprengungen in den Stollen, über welche die Gefangenen überhaupt nicht informiert wurden. Nur wer Glück im Unglück hatte, überlebte. Es war 22:30 Uhr, unsere Schicht war zu Ende und bald würden wir ins Lager zur Nachtruhe aufbrechen. Ich hatte den Stollen bereits verlassen und stand im Freien, wo wir kurz durchatmen konnten. Plötzlich erloschen – ohne jede Vorwarnung – alle Lichter. Instinktiv warfen wir uns auf den Boden. Bald darauf spürten wir eine heftige Erschütterung, gefolgt von einem lauten Knall. So laut, dass ich dachte, ich hätte mein Gehör verloren. Danach war ich völlig orientierungslos.

Als ich wieder zu mir kam, lag ich in der Krankenhausbaracke. Später erfuhr ich, dass viele meiner Kollegen schwer verletzt waren und mit dem Tod rangen. Meinem Vater habe ich davon nichts erzählt. Ich selbst war nicht getroffen oder verwundet, sodass ich schon am nächsten Tag wieder zur Arbeit ging. Nur lästige Kopfschmerzen plagten mich, die sich aber bald wieder legten.

Nach dieser Erfahrung kauerte ich mich nicht mehr in eine Ecke, trödelte nicht mehr beim Rausgehen und wartete auch nicht auf die Entwarnung. Stattdessen versuchte ich um jeden Preis, unter den Ersten zu sein, die es nach draußen schafften.

Am Vortag war mein Vater erschöpft von seinem Arbeitseinsatz zurückgekehrt. Sein Überlebenswille war aber stark wie eh und je, sein Mut ungebrochen. Bei unserer Begegnung merkte ich, dass ihn etwas bedrückte. Nur mit Mühe brachte ich ihn zum Reden. Man hatte ihn brutal ausgepeitscht. Die Narben, die er dabei davontrug, sollten seinen Körper für immer zeichnen und sichtbares Zeugnis der Grausamkeit der Nazis sein.

Die Nachrichten, die in dieser Woche eintrafen, machten uns Mut: Die Alliierten standen vor Berlin, die US-Streitkräfte näherten sich unserem Lager von Westen, die Russen von Osten. Aber niemand von uns wollte von den Russen befreit werden, denn das Verhalten ihrer Landsleute in unserem Lager hatte uns mit tiefer Abneigung ihnen gegenüber erfüllt.

Wir mussten jetzt sehr vorsichtig sein, durften uns auf kein Abenteuer einlassen, das uns teuer zu stehen käme. Niemand wollte als Krüppel enden oder sein Leben ausgerechnet jetzt riskieren, da doch die Amerikaner so gut wie da waren. Vielleicht schon morgen konnten wir wieder freie Menschen sein.

Obwohl ich zur Arbeit musste, war ich äußerst gut gelaunt. Ich gab mir Mühe, alle verdrießlichen Gedanken zu vertreiben – an meine Mutter und Schwester, an meinen Vater, der im Krankenhaus lag, an mein eigenes ungewisses Schicksal zwischen Leben und Tod. Energisch schob ich diese frustrierenden Gedanken beiseite. Ich wollte wieder frei und erhobenen Hauptes auf die Straße gehen. Ich wollte niemanden mehr fürchten und mich nicht schämen, als Israelit geboren zu sein. Die eintätowierte Nummer auf meinem linken Unterarm sollte aber für immer und ewig Zeugnis vom Grauen der nationalsozialistischen Konzentrationslager ablegen.

Doch wieder wurde unsere Hoffnung enttäuscht. Es gab nichts Neues über den Vormarsch der Alliierten, ebenso wenig über die Situation nach dem Rückzug der Deutschen aus den besetzten Gebieten.

Die rastlose Sehnsucht nach Freiheit machte uns schließlich misstrauisch. Wir konnten nicht glauben, dass die Amerikaner derartig langsam voranrückten. Zuverlässige Quellen behaupteten, sie stünden schon 25 km von unserem Lager. Tag für Tag, eine ganze Woche lang, trafen die immer gleichen Meldungen ein.

Es gab Augenblicke, in denen wir meinten, wir seien dem Wahnsinn verfallen. Wer so ein Lager nicht miterlebt hat, kann das nur schwer nachvollziehen. Unter den fürchterlichsten Lebens- und Arbeitsbedingungen rangen wir jeden Tag mit dem Tod. Die guten Nachrichten vom Vormarsch der Alliierten waren es, die uns mit Freude, Optimismus und Zuversicht erfüllten. Doch jetzt hatten wir den Eindruck, dass irgendeine diffuse Macht den Lauf der Dinge aufhielt und damit auch unsere zart aufkeimende Hoffnung erstickte.

Die Tage, die in gnadenloser Monotonie aufeinanderfolgten, unterschieden sich kaum voneinander. Jeden Tag gab es Fliegeralarm und Luftangriffe, die Bombardements wurden erst drei Tage vor unserer Befreiung eingestellt. Tagtäglich waren immer mehr Opfer unter den Gefangenen zu beklagen. Und auch unser Hunger wuchs von Tag zu Tag ins Unermessliche.

Samstag, 28. und Sonntag, 29. April 1945

An diesen beiden Tagen ereignete sich in einem der Blöcke etwas Schreckliches: Gleich sieben Gefangene waren am Samstag an Unterernährung gestorben. Ihre Leichen wurden eingesammelt und sollten am nächsten Tag eingeäschert werden. Als man sie dann abholte, stellte sich heraus, dass eine der Leichen geschändet worden war: Vom Gesäß fehlte ein Stück Fleisch. Die Lebenden waren zu Kannibalen geworden, die rohes Menschenfleisch aßen.

Ich erfuhr davon erst spät in der Nacht, als ich von der Arbeit zurückkehrte. Die SS unterzog die Insassen des Blocks einem strengen Verhör. Meldete sich der Täter nicht freiwillig, sollten alle 80 Gefangenen, welche die besagte Nacht mit den sieben Hungertoten unter einem Dach verbracht hatten, streng bestraft werden.

Diese haarsträubende Nachricht hat mich nicht überrascht. Sie erinnerte mich an die Szene mit den russischen Gefangenen, die hinter dem Suppenkessel herliefen und die übergeschwappte Suppe, die sich in eine braune Masse aus Erde und Verunreinigungen verwandelt hatte, vom Boden aufkratzten und gierig verschlangen. So etwas Extremes habe ich nur in Ebensee erlebt.

Schließlich hatten die 80 Gefangenen Glück: Die Befreiung kam, bevor sie bestraft werden konnten. Bestimmt hätte niemand von ihnen die drakonischen Maßnahmen überlebt.

Beim Eintritt ins Lager hatte jeder Gefangene, nebst anderen komplexen und detailreichen Formalitäten, auch Angaben zur Anzahl seiner gesunden, beschädigten und fehlenden Zähne sowie seiner Goldzähne zu machen. Starb ein Gefangener, kontrollierte der SS-Arzt anhand von dessen Karteikarte die Zähne. Fehlte ein Goldzahn, war der Blockälteste in der Pflicht.

Am nächsten Tag hatte ich frei, wie immer, wenn alle zwei Wochen Schichtwechsel bevorstand. Die Angehörigen der Morgenschicht übernahmen die Nachmittagsschicht, die der Nachmittagsschicht die Nachtschicht, und schlussendlich die der Nachtschicht die Morgenschicht.

Ich verbrachte den Tag im Bett. Am nächsten Tag stand mir eine höllische Nachtschicht bevor. Das hieß, die ganze Nacht bis um 8 Uhr durchzuarbeiten. Nach dem gemeinsamen Appell mit der Morgenschicht, die danach zur Arbeit antrat, ging ich zur Baracke, um mich auszuruhen.

Ich versuchte, den Gedanken an die bevorstehende Nachtschicht zu verdrängen, die zusätzlich von strengem Frost erschwert wurde. Tröstlich bei der Nachtarbeit war die etwas bessere Qualität des Essens im Vergleich zu dem, was die anderen Gefangenen bekamen. Es war eine Art Ausgleich für die erschwerten Arbeitsbedingungen.

An diesem Tag traf eine Nachricht ein, die uns zunächst beflügelte, dann aber revidiert wurde: Die Russen hätten Berlin eingenommen. Was die Amerikaner betraf, so waren wir mittlerweile sicher, dass sie mit der Geschwindigkeit von Schildkröten vorrückten. Immer noch waren sie 20 km von unserem Lager entfernt.

Am Sonntagabend überschlugen sich die Gerüchte, genauso wie unsere Gedanken. Verrückte und widersprüchliche Spekulationen machten die Runde und fügten zu unseren körperlichen Qualen auch noch seelische hinzu.

Montag, 30. April 1945. Nachtschicht

Als ich aufwachte, fühlte ich mich sehr müde, obwohl ich an meinem freien Tag nichts unternommen hatte. Diesmal war es ein Glück, dass ich für die Nachtschicht eingeteilt war, die ich sonst als besonders schwierig und anstrengend empfand. So konnte ich noch etwas ausschlafen.

Wir verließen den Block um 22:30 Uhr und warteten wie üblich, bis sich alle versammelt hatten. Endlose Wartezeiten kennzeichneten das Lagerleben. Nach 20-minütigem Fußweg trafen wir am Bestimmungsort ein.

Am nächsten Morgen versammelten wir uns wieder um 7 Uhr, um ins Lager zurückzukehren, wo der übliche Zählappell folgte. Erneutes, stundenlanges Warten. Nach der Rückkehr in den Block mussten sich alle die Füße waschen. So dauerte es mindestens eine Stunde, bis alle endlich in der Baracke waren.

Gegen 12 Uhr wurden wir zum Mittagessen geweckt. Nicht alle folgten der Einladung, da sie den Schlaf dem Essen vorzogen. Um 16:30 Uhr wurden wir schon wieder zum 18:30 Uhr-Appell geweckt und mussten dann bis 22 Uhr, wenn die Nachtschicht aufbrach, wach bleiben, da wir nicht zurück in den Block durften. In der Zwischenzeit trieben wir uns auf den Lagerstraßen herum. Obwohl ich diesen Tagesablauf nur kurze Zeit mitmachte, blieb er mir gut in Erinnerung.

An Ort und Stelle mussten wir uns dann in Fünferreihen aufstellen, gefolgt vom Prozedere der Arbeitseinteilung, wobei sich die Zusammensetzung der Gruppen ständig änderte. Dabei war die Nachtarbeit nicht nur anstrengender, sondern zog sich, unserem Gefühl nach, überdies endlos hin.

Dienstag, 1. Mai 1945

Im Gegensatz zu den sonstigen Gepflogenheiten ruhte am 1. Mai die Arbeit nicht, obwohl die Deutschen diesen Feiertag besonders hochhielten. Das hieß, wir mussten sogar an einem Tag, an dem sich andere freuten, in Elend und Knechtschaft verbringen. Und wir fragten uns: Würden wir den nächsten 1. Mai frei, glücklich und stolz erleben dürfen?

Die Todesfälle in unserem Block nahmen rasant zu. Man kam mit dem Abtransport der Toten ins Krematorium gar nicht mehr nach. In den Krankenbaracken war das Grauen alltäglich. In jedem Bett lagen drei Patienten. Oft kam es vor, dass die zwei Kranken, die am Bettrand lagen, verstarben und nur der mittlere überlebte. So blieben sie ein paar Tage zu dritt liegen, bis die Verwesung einsetzte und sich durchdringender Gestank breitmachte. Die zahlreichen Toten wurden achtlos in eine Grube geworfen und später im einzigen noch intakten Krematorium eingeäschert. Aufgrund seiner begrenzten Kapazität kam man aber kaum hinterher.

Als die Nazis aus Ebensee flohen, hinterließen sie dort mehr als 7 000 Leichen! Die US-Behörden zwangen die gefangenen Nazis, diese Leichen außerhalb der Stadt zu begraben. Die Kreuze auf diesen Gräbern werden für immer ein Symbol der Anklage gegen die perfiden Gräueltaten der Nazis bleiben, die mitten im 20. Jahrhundert möglich waren und die Geschichte des israelitischen Volkes für immer geprägt haben.

Dienstag, 1. Mai 1945. Im Arbeitseinsatz

Arbeit, immer nur Arbeit ... Sie fiel mir schwerer denn je. Kapos und Vorarbeiter waren die ganze Zeit hinter uns her, um noch mehr Leistung aus uns herauszuholen. Drinnen setzten uns brutale Schläge, draußen die bittere Kälte zu. Die Kapos und Vorarbeiter wüteten mit bis dahin ungekannter Härte. Vor lauter Erschöpfung fielen mir im Stollen trotz des höllischen Lärms die Augen zu, während ich mich mit meinem ganzen Gewicht auf das Bohrgerät stützte.

Ich wagte es nicht einmal aufzublicken und meinen Kameraden einen Blick zuzuwerfen. Sonst hätte ich vom Vorabeiter mit Sicherheit Stockschläge bekommen. Er stand nämlich hinter uns und verfolgte jede unserer Bewegungen mit Argusaugen. Es war undenkbar, einem Nachbarn auch nur eine Frage zu stellen. Der Kapo war scheinbar allgegenwärtig.

Am frühen Morgen des 2. Mai nahmen wir bei strengem Frost auf dem Fußballplatz Aufstellung. Dichter Schneefall raubte uns zudem die Sicht. Schnee? Zu dieser Jahreszeit? Und wir hatten geglaubt, der Winter sei endgültig vorbei! Der deutsche Winter sollte uns noch einmal auf eine schlimme Probe stellen.

Der große Tag

Mittwoch, 2. Mai 1945

An diesem Tag erschien ich in schlechter Gemütsverfassung zum Appell. Schuld daran war eine unvorstellbare Müdigkeit. Alle Glieder schmerzten und meine Hände waren schwer wie Blei.

Auf dem Weg zur Arbeit flüsterten mir Kameraden etwas zu. Es war etwas so Unvorstellbares, dass sich mein Verstand weigerte, es zu glauben: Hitler war tot! Dann musste der Krieg doch vorbei sein. Hitler war tot!

Diese Worte wirkten wie ein Elixier! Nie zuvor und nie danach haben ein paar wenige Worte so enorme Konsequenzen für mich und mein Leben gehabt. Es war wie eine Auferstehung nach dem Tod, es fühlte sich an wie echtes Leben, das nicht nur bloß ein Aufschub des Todes war.

In dieser Nacht konnten wir keinen Handgriff tun. Wir ignorierten alle Drohungen und Risiken, obwohl das Verhalten der SS-Wachen unverändert blieb. Die Vorarbeiter hingegen bestätigten uns die Flüstermeldung. Wir lechzten nach mehr und vor allem nach Informationen, was in den anderen Lagern vor sich ging. Doch wir konnten nichts Konkretes in Erfahrung bringen.

Am liebsten hätte ich vor lauter Freude Luftsprünge vollführt, getanzt, geschrien und lauter Unsinn gemacht. Auch die SS-Wachen spürten das und ließen ihre Wut an uns aus. Wie viel Leid mussten wir noch ertragen? Wie viele von uns würden bis zum Schluss durchhalten?

Eins schien uns sicher, vermutlich, weil die Phantasie mit uns durchgegangen war: Wir würden bestimmt nicht länger arbeiten müssen, vielleicht nur noch am nächsten Tag, höchstens noch ein paar wenige Tage. Wir dachten, dass sich das Verhalten der SS ändern würde, dass wir endlich die Rechte freier Menschen hätten. Aber genau das Gegenteil trat ein. Und obwohl die SS-Schergen ihre Schlagstöcke noch immer systematisch als Folterwerkzeug einsetzten, zeigten wir ihnen gegenüber keinerlei Respekt mehr. Wir gaben unverschämte Antworten und verweigerten ihre Befehle. Jetzt, da sich unsere Befreiung abzeichnete, realisierten sie langsam, dass sie unserer Rache nicht entgehen würden.

Als ich am nächsten Morgen von der Arbeit kam, erfuhr ich eine erschütternde Nachricht. Mein einmaliger und brüderlicher Freund Leon Fabian, mit dem ich so viel Leid und so viele Ängste geteilt hatte, der die Gaskammern von Auschwitz und den grausamen Alltag im KZ Melk überstanden hatte, war letzte Nacht gestorben! Er war am Hunger und an allen anderen Entbehrungen zugrunde gegangen ...

Das war für mich ein schrecklicher Schlag, der mir die ersten Momente der Freiheit vergällte. Ich konnte nicht glauben, dass ich sein Gesicht nie wieder sehen, seine Stimme nie wieder hören, seine warme Menschlichkeit nie mehr an meiner Seite spüren würde.

Von gemeinsamen Erinnerungen gequält, die mich zutiefst aufwühlten, verbrachte ich eine schlaflose Nacht. Während der mehr als zweijährigen Gefangenschaft war er Teil meiner Familie geworden. Wir hatten geplant, ihn mit nach Griechenland zu nehmen, das er als seine neue Heimat schon ins Herz geschlossen hatte. Ich beweinte ihn wie einen geliebten Angehörigen. Sein Name wird in meinem Herzen ewig weiterleben! Dazu kam das Unbegreifliche: Er starb gerade einmal zwei Tage vor der Befreiung des Lagers! Seinem Andenken möchte ich diesen Bericht widmen, der von unseren Qualen Zeugnis ablegt.

Jetzt gab es keinen Zweifel mehr: Nur noch wenige Stunden trennten uns von der Ankunft der Amerikaner. Nachts konnten wir uns nun ausruhen, so lange wir wollten. Der Blockälteste hütete sich, uns zu schlagen, obwohl wir ihm durchaus Anlass boten.

Erst zu später Stunde legten wir uns schlafen. Auf einmal hörte man, wie jemand durch den Schlafsaal schlich. Der Blockälteste wollte sich – mit einem Koffer in der Hand – heimlich den SS-Mannschaften anschließen, um sein Leben zu retten. Aber es war zu spät. Wachsame Augen und Ohren hatten ihn rechtzeitig bemerkt.

Als er den Weg zur Lagerschreibstube einschlagen wollte, hetzten ihm – teils nur in Unterwäsche – Gefangene aus unserem Block hinterher, um ihn zu steinigen. Flink wie ein Wiesel versuchte der Blockälteste, seinen Verfolgern zu entkommen, doch auch von den Barackendächern hagelte es Steine. Da erschienen SS-Leute, jagten die Treiber weg und brachten den Blockältesten, der zwar verletzt, aber noch am Leben war, in die Krankenbaracke. Nachdem sich die SS-Wachen zurückgezogen hatten, schlichen ein paar Gefangene ins Krankenhaus, fanden heraus, wo der Blockälteste lag, und traktierten ihn mit Messerstichen zu Tode.

Das war die erste – gerechte, muss ich sagen – Strafe, die in Ebensee einen Schuldigen ereilt hatte, der erste Fall von Selbstjustiz der Gefangenen. Als ich hörte, wie man den Blockältesten ums Leben gebracht hatte, schlug ich in Pein die Hände vors Gesicht. Und das, obwohl er noch bis vor kurzem ein Schreckgespenst für uns gewesen war, das ohne Zögern und ohne jede Reue selbst tötete oder Morde anordnete.

Das war der Startschuss für die Bestrafung all derer, die sich in den Dienst der SS gestellt hatten, obwohl sie selbst Häftlinge waren. Immer wieder hörte man von der Straße Schreie, die einen Rachemord bekundeten.

Ab dem folgenden Tag hielten wir uns von der Straße fern und blieben lieber im Block, damit wir nicht für Verräter gehalten und getötet wurden. Es genügte schon, wenn einer behauptete: „Der war ein Übeltäter!" Man machte kurzen Prozess, in Block 23 wurde ein Verräter sogar gehängt.

Am Abend rief uns der Kommandant zusammen und ermahnte uns, jetzt nichts Unbedachtes zu tun, da die Deutschen abziehen und das Lager den Amerikanern überlassen würden. Er gab den SS-Wachmannschaften, die das Lager und seine Vorratsräume bewachten, einen sofortigen Schießbefehl bei geringstem Ungehorsam, Widerstand oder Einbruchsversuch.

Er bot uns sogar an, vor den amerikanischen Luftangriffen Schutz in den Stollen zu suchen, da uns die Amerikaner beim Näherrücken das Lager unter Beschuss nehmen würden. Wir vermuteten jedoch, dass man uns dort unten einschließen wollte, um uns in die Luft zu jagen. Einstimmig lehnten wir ab und machten uns auf den Weg, das Lager zu verlassen. Der Kommandant ließ den Plan mit den Stollen wieder fallen und riet uns schließlich, nichts zu überstürzen, da der von uns ersehnte Tag bald da wäre.

Das Leben schlägt seltsame Kapriolen! Plötzlich konnte uns nichts mehr Todesangst einjagen. Warum wir aber den ganzen Tag im Bett lagen, hatte einen anderen Grund: Wir waren unendlich müde und die Gliedmaßen gehorchten uns kaum.

Freiheit!

Sonntag, 6. Mai 1945

Es war Sonntagmorgen und im Lager war es vollkommen ruhig. Kein Geräusch drang an unsere Ohren, nicht mal an den Bäumen regte sich ein Blatt.

Ich trat ans Fenster. Die Wachen waren immer noch auf ihren Posten. Nur, dass es jetzt Milizionäre und nicht SS-Leute waren. Als ich gegen 10 Uhr wieder im Bett lag, hörte ich plötzlich laute Stimmen. Eine Menschenmenge bewegte sich auf den Lagerplatz zu und rief: „Die Amerikaner sind da!" Mit dem bisschen Kraft, das mir noch geblieben war, stand ich auf, zog mich an und eilte mit vielen anderen hinaus, um unsere Befreier willkommen zu heißen.

Doch es war falscher Alarm. Nur ein deutscher Reiter in feldgrauer Uniform bewegte sich auf unser Lager zu. So kehrte ich in den Block zurück und fiel wieder ins Bett, wo ich bis zum Mittag blieb. Zum ersten Mal kündigte der Blockälteste an, dass wir ab sofort dreimal täglich Brot und ein wesentlich besseres Essen bekämen. „Schluss mit Kleiebrot und Margarine!", betonte er. Wir konnten uns vor Freude kaum halten.

Um 15:30 Uhr stand ich wieder gedankenverloren am Fenster. Auf einmal kam ein Pulk von Gefangenen auf den Platz gelaufen, und rasch bildeten sich Grüppchen.

Jetzt war es soweit! Diesmal waren es tatsächlich die Amerikaner! Trotz allem blieben die Wachen immer noch auf ihren Posten. Als ich auf den Platz gelangte, bot sich mir ein ergreifender Anblick: Panzer der US-Streitkräfte rollten ins Lager. Einem der Fahrzeuge entstieg ein Feldwebel und rief uns zu: „Gefangene! Eure Zeit ist gekommen! Ihr seid frei! Ihr seid keine Sklaven des Faschismus mehr!"

Man kann sich vorstellen, was für einen Eindruck diese Worte auf uns gemacht haben. Angesichts dieser unverhofften Freudenbotschaft heulten wir wie kleine Kinder.

Die Gefangenen gruppierten sich nach Nationalitäten und begannen zu singen, vorab gleich die Nationalhymne des jeweiligen Landes. Aus verlausten Stoffresten und Häftlingskleidung wurden hastig Fahnen zusammengenäht, die nun frei im Wind flatterten. Wir Griechen benötigten dafür weißen und blauen Stoff. Bald schon hissten wir unter Absingen der Nationalhymne unsere Fahne aus fleckigen Krankenhauslaken und alten Elektrikerhosen und kehrten zufrieden in unsere Baracke zurück.

Kurz darauf setzte die US-amerikanische Truppe, die uns quasi Weihnachts- und Osterbotschaft in einem überbracht hatte, ihren Weg fort. Sie versicherte uns jedoch, am nächsten Tag würden weitere Einheiten der US-Armee mit Verpflegung eintreffen. Dann würden wir zum ersten Mal wieder in Freiheit ordentlich essen können.

Von da an waren wir auf uns allein gestellt. Niemand kümmerte sich um die über 16 000 Überlebenden, die in diesem Lager zurückblieben. Waren wir tatsächlich frei? Oder würden die Deutschen zurückkommen? Die russischen Gefangenen brachen die Lagerräume auf, strömten auf die Straßen und machten sich auf zur Stadt.

Die Blockältesten hatten Angst um ihr Leben und versuchten unbemerkt zu entkommen. Doch die Gefangenen stöberten sie auf und nahmen Rache für all die Kameraden, die ihr Leben durch das brutale Vorgehen der Funktionshäftlinge verloren hatten. Es war, als sei der Zorn Gottes über sie hereingebrochen.

Nachts hörte man Schüsse, nachdem Waffen aus den SS-Baracken verschwunden waren. Jeder Schuss signalisierte die Bestrafung eines Blockältesten oder Kapos. Auf den Straßen spielten sich wilde Verfolgungsjagden ab, laute Hilferufe schallten durch die Nacht. Die meisten Blockältesten wurden gelyncht. Nichts konnte sie vor dem Rachedurst der einstigen Häftlinge bewahren. Egal, wohin sie sich auch wandten, sie wurden rasch aufgespürt.

Die meisten Gefangenen hatten sich aber dem sanften Schlummer hingegeben, der freien Menschen zusteht. Um 23 Uhr wurden wir von lauter Betriebsamkeit geweckt. Ein großer Holzschuppen, in dem Treibstoff für die SS-Autos gelagert wurde, hatte Feuer gefangen. Das ganze Lager war bedroht, denn es herrschte starker Wind. Sofort eilten US-Truppen zu Hilfe, denen es gelang, das Feuer einzudämmen. Die benachbarten Gebäude und der Baumbestand der Umgebung blieben verschont. Erst spät nachts war das Feuer endlich unter Kontrolle.

Am nächsten Morgen hörte ich lautes Stimmengewirr und Hilferufe. Als ich aus dem Fenster schaute, wurde gerade ein Kapo, der im Lager für seine Härte gefürchtet war, mit Steinen beworfen. Es war der Zigeuner-Oberkapo aus Melk, der tausende von Gefangenen auf dem Gewissen hatte. Mehr als hundert Russen und Israeliten hatten ihn, mit Steinen in der Hand, umringt. Ein Russe griff nach einem großen Brocken und schleuderte ihn auf den Oberkapo, der am Kopf getroffen zu Boden ging. Er schien nicht mehr zu atmen, doch dann rappelte er sich doch wieder auf. Das Böse ist nicht leicht totzukriegen. Er kam zwar ins Krankenhaus, doch ein langes Leben war ihm nicht mehr vergönnt. Das Blut seiner Opfer schrie nach Rache.

Im Krankenhaus wurde er von den Pflegern erwartet, die beschlossen hatten, ihn bei lebendigem Leib zu verbrennen. Bewusstlos wurde er zum Krematorium gebracht, das mittlerweile aber außer Betrieb war. Der ehemalige „Heizer" wurde gerufen, um den Ofen anzufeuern. Da kam der Oberkapo wieder zu sich, richtete sich ein wenig auf, erblickte den lodernden Ofen und begriff, was ihn erwartete. Mit letzter Kraft versuchte er, von der Tragbahre zu steigen, und fing an zu brüllen.

Ich stand mit dem Rücken zur Wand und beobachtete das Geschehen. Vor diesem makabren Schauspiel musste ich aber bald die Augen schließen. Es war ein Gewaltausbruch, der seinem tragischen Höhepunkt entgegenging. Angesichts der Verbrechen dieses Oberkapos passierte aber alles dann doch viel zu schnell.

Man beförderte ihn auf dieselbe Trage zurück, auf der die toten Häftlinge bis an den Ofen geschoben worden waren. Der Oberkapo sollte denselben Weg nehmen, den Abertausende vor ihm gegangen waren. Mit einem Hieb in sein blutüberströmtes Gesicht wurde er niedergeschlagen, war aber noch bei Bewusstsein. Er schrie und zappelte, doch für ihn gab es keinen Ausweg. Der „Heizer" stieß ihm den Einreißhaken in die Lenden und hievte ihn mit schier übermenschlicher Kraftanstrengung in den Ofen. Es war der unerträgliche Anblick einer kollektiven Vergeltung. Sogar im brennenden Ofen wehrte sich der Oberkapo noch gegen sein Schicksal, bevor sich die

Ofentür schloss. Ein letzter gellender Schrei, dann ereilte ihn der Tod.

Diese Szene hat sich tief in mein Gedächtnis gebrannt. Immer wieder steht mir das Bild des Oberkapos vor Augen, wie er – schon im Ofen – diesen letzten, verzweifelten Versuch unternimmt, den Flammen zu entrinnen, die ihn dann endgültig verschlingen.

Sein Ende kam rasch, seine unzähligen Opfer haben viel länger leiden müssen als er. Kaum ein anderer hätte aber auch bis zum letzten Augenblick, wie er, verbissen Widerstand leisten können. Zum Schluss haben die Flammen die grausame Rolle der Furien, der antiken Rachegöttinnen, übernommen.

Nachwort

Dieses dramatische Ende lässt alles Weitere belanglos klingen. Ein paar Dinge sollten jedoch noch Erwähnung finden. Nach unserer Befreiung aus dem KZ Ebensee bis hin zum Aufbruch in die Heimat gab es keinen Grund zur Beschwerde und alles lief wie am Schnürchen. Am zweiten Tag, nachdem wir von unserem Leiden erlöst waren, wurde das Lager mit Nahrungsmitteln förmlich überschwemmt. Selbst bei unserem unersättlichen Hunger war es unmöglich, alles aufzuessen.

Die Kranken kamen in die besten Krankenhäuser und wurden mit besonderer Sorgfalt gepflegt. Die mehr als 7 000 in Massengräbern verscharrten Toten wurden schrittweise teils exhumiert und überführt, teils umgebettet. Kein anonym verbrannter Toter sollte namenlos bleiben, seine Asche in alle Winde verstreut. Heute hat jeder Tote sein eigenes Grab auf dem KZ-Friedhof Ebensee, damit die Nazi-Verbrechen auch den nachfolgenden Generationen für immer im Gedächtnis bleiben. Den Überlebenden war es ein großes Bedürfnis, den Briten und Amerikanern aus tiefstem Herzen für ihre menschliche Haltung und ihren unermüdlichen Einsatz für die Gefangenen zu danken.

Ich war am 20. März 1943 unter die Knute der Nazis geraten und hatte meine Freiheit am Sonntag, den 6. Mai 1945 um 15 Uhr wiedererlangt, als uns das 3. Regiment der US-Armee unter dem Kommando von General George S. Patton aus dem Lager Ebensee befreite.

Bei meiner Internierung im Auffanglager Baron Hirsch war ich fünfzehneinhalb Jahre alt. Während meiner mehr als zweijährigen Gefangenschaft hat sich meine Einschätzung von Menschen und Ereignissen sehr verändert. In meinem Inneren fühlte ich mich wie ein alter Mann.

Ich habe die Nazis für die grausame Ermordung so vieler Menschen gehasst, da sie keine Rücksicht auf Junge oder Alte, Frauen, Kinder oder Säuglinge, Kranke oder Behinderte genommen haben.

Alles, was ich hier schildere, hat sich tief in mein Gedächtnis gebrannt. Ich weiß, dass meine Beschreibung nur ein ferner Nachklang, ein vager Schatten dessen ist, was ich in den fluchbeladenen Nazi-Lagern – zusammen mit hunderttausenden von Mitmenschen aus den verschiedensten Ländern – gesehen, erlebt und erlitten habe.

Wäre Ebensee auch nur zwei Tage später befreit worden, hätte ich vermutlich das Schicksal meines unvergessenen Freundes Leon Fabian geteilt, der knapp vor Ankunft der Befreier gestorben ist.

Nichts von alledem, was meine Chronik ausmacht, die ich jetzt auch der deutschsprachigen Öffentlichkeit übergebe, hätte den heutigen Leser erreicht. Alles wäre für immer der Unkenntnis und dem Vergessen anheimgefallen.

Im Juli 1945 kehrten mein Vater – Häftling Nr. 109 564 – und ich – Häftling Nr. 109 565 – bei der ersten sich bietenden Gelegenheit in unsere geliebte Heimat zurück. Wir waren wieder auf griechischem Boden. Im September folgten meine Mutter – Häftling Nr. 38 911 – und meine Schwester – Häftling Nr. 38 912 – nach.

Die erlittenen Torturen haben uns einerseits für immer zusammengeschweißt, andererseits Wunden hinterlassen, die niemals verheilen werden. Alle vier Familienmitglieder waren wieder vereint und bereit, ein neues Leben zu beginnen.

Danuta Czech

Deportation und Vernichtung der griechischen Juden im KL Auschwitz (im Lichte der sogenannten „Endlösung der Judenfrage").
In: Hefte von Auschwitz 11, Verlag Staatliches Auschwitz-Museum 1970, S. 5–37.

[Auszug]

[...]
Am Vortage des II. Weltkriegs zählte Griechenland 7 335 600 Staatsbürger. Unter den nationalen Minderheiten, die das Gebiet bewohnten, befanden sich über 60 000 Juden. Ihre Zahl konnte nicht genau festgestellt werden.

In der Volkszählung des Jahres 1931 war angegeben, dass in Griechenland 67 200 Juden lebten. Im Protokoll der Wannsee-Konferenz (vom Januar 1942) nennt man die Zahl von 69 000 griechischer Juden als Opfer der zukünftigen Ausrottung. Dr. Johann Pohl gab in seinem Artikel „Die Zahl der Juden in Griechenland" in der Zeitschrift „Der Weltkampf" an, indem er einen Versuch machte, die griechischen Juden zu berechnen, dass allein in Saloniki die Zahl weit höher sei als 42 000, dagegen in ganz Griechenland gegen 100 000 Personen lebten.

Gerald Reitlinger gibt an, dass am 9. April 1941 — also noch vor der Kapitulation Griechenlands — die Zahl der Einwohner Salonikis 260 000 Einwohner betragen könnte, darunter 46 000 Juden. Dagegen schreibt Raul Hilberg, dass der Vorkriegsstand der Einwohner Griechenlands sich auf 74 000 belief, wovon in Saloniki 53 000 Juden lebten.

Nach dem Ausbruch des II. Weltkriegs erklärte Griechenland seine Neutralität. Am 28. Oktober 1940 fiel die italienische Armee aus Albanien in Griechenland ein. Gegen Ende des Jahres warf das griechische Militär die Angreifer nach Albanien zurück und führte dort günstige Kriegsoperationen durch. Am 6. April begann Nazi-Deutschland die Invasion auf den Balkan und griff Jugoslawien und Griechenland an. Am 23. April 1941 unterschrieben die griechischen Generäle die bedingungslose Kapitulation, und am 27. April marschierte die Naziarmee in Athen ein. Am 30. Mai 1941 nahm sie Kreta – den letzten freien Zipfel griechischen Bodens – ein.

Als Folge der italienisch-deutschen Angriffe wurde folgende Teilung Griechenlands vorgenommen:
1. Die ionischen Inseln mit einem Teil der Westküste annektierte Italien,
2. Westtrazien, Ostmazedonien und die Inseln Thasos und Samothrake gab man Bulgarien,
3. das griechische Festland zwischen dem Epirus und Thessalien, das von mehreren tausend Einwohnern mit einer der rumänischen ähnlichen Sprache bewohnt war, wurden zum „Unabhängigen Pindosreich" ernannt,
4. den restlichen Teil Griechenlands mit den größeren Städten wie Saloniki, Larissa und Athen nannte man beschönigend den „Staat Griechenland" und unterstellte ihn der italienisch-deutschen Okkupation. Es wurde dort eine Quisling-Regierung eingesetzt.

Einige tausend griechischer Juden blieben auf dem Bulgarien überlassenen Gebiet, der Rest wohnte hauptsächlich in den Städten des „Staates Griechenland", der unter der italienisch-deutschen Okkupation stand, hiervon gegen 80 Prozent in Saloniki.
[Anm. Kounio: In dem an Bulgarien angeschlossenen Gebiet blieben etwa 6000 Juden. Im März 1943 wurden sie ins Vernichtungslager Treblinka verbracht. Auf dem von annektierten Gebiet sowie in der italienischen Okkupationszone waren etwa 13000 Juden. In der von den Nazis besetzten Zone waren 55000 Juden, von denen allein in Saloniki 53000.]
Die deutsche Okkupationszone unterstand der Militärverwaltung Ost-Ägäis, dessen Befehlshaber der Chef des Kommandos Ost-Ägäis, Generaloberst Alexander von Lohr, war. Mit den Angelegenheiten der Zivilverwaltung in der Ost-Ägäischen Kriegsverwaltung befasste sich der Kriegsverwaltungsrat Dr. Max Merten. Leiter der Sicherheitspolizei und SD in Saloniki war Kriminalkommissar Walter Paschleben und Vertreter des Auswärtigen Amtes des III. Reichs der Generalkonsul Schönberg.
Nach dem Angriff unternahmen die Nazis während längerer Zeit keine antijüdischen Handlungen. In dem durch die Nazis ausgeraubten Griechenland, besonders in den großen Stadtzentren, herrschte Hunger. Er betraf auch die jüdische Bevölkerung, unter der eine Typhusepidemie viele Opfer forderte.
Für die deutsche Okkupationszone wurden keine allgemeinen Anordnungen getroffen. Den Führern der einzelnen Militärbezirke war es vorbehalten, Ausnahmeanordnungen zu treffen. So wurde z.B. im Militärbezirk Saloniki Ägäis am 11.7.1942 die Meldepflicht für die

Juden eingeführt. Dies war zu ihrer Einstellung zu Zwangsarbeit und auch für die spätere Durchführung der Deportation in die Nazi-Vernichtungslager unerlässlich.

Jedoch hatte die „Organisation Todt" Schwierigkeiten, unter der ausgehungerten jüdischen Bevölkerung 3–4 000 Menschen zu Bauarbeiten und zur Eisenbahn zu finden. Schließlich wurden im Oktober 1942 offiziell Bescheinigungen zur Befreiung von der Arbeit verkauft, und der Kriegsverwaltungsrat in der Militärverwaltung, Dr. Max Merten, widerrief die Arbeitsverpflichtung nach der Einzahlung der den Juden auferlegten Kontribution in Höhe von zweieinhalb Millionen Drachmen.

Die ersten Schritte zur „Endlösung der Judenfrage" wurden um die Jahreswende 1942/1943 unternommen. Sie begannen mit der Vernichtung jeglicher Spuren der jüdischen Geschichte, der Archive, Gebethäuser und Friedhöfe. In jener Zeit traf Eichmann in Saloniki ein, wo schon seit dem 6. Februar 1943 im Namen des „Jüdischen Referats IV B 4" seine Beauftragten, Dieter Wisliceny und Anton Brunner tätig gewesen waren. Ihr Mitarbeiter war der Kriegsverwaltungsrat Dr. Max Merten.

Im Februar 1943 erließ man eine Anordnung zur Eröffnung eines Ghettos sowie den Befehl für die Juden, den Davidstern an der Kleidung zu tragen.

In dem Wohnviertel „Baron Hirsch" in Saloniki, in der Nähe des Bahnhofs, eröffnete man im ehemaligen Barackenlager, das man im Jahre 1903 für die jüdischen Flüchtlinge aus dem Pogrom in Kischinew und Mogilew errichtet hatte, ein Durchgangs-Ghetto für die Ansammlung der zur Deportation bestimmten Juden.

Im März 1943 begann die Deportation der griechischen Juden aus Saloniki und den Provinzen in der von den

Nazis besetzten Zone. Um eine schnelle Durchführung dieser Aktion zu sichern und Widerstand unmöglich zu machen, führten die Beauftragten Eichmanns die Deportierten irre, indem sie verschiedene Gerüchte ausstreuten und durch den „Judenrat" falsche Informationen erteilten. An der Spitze des „Judenrats" stand Rabbiner Koretz, der aufs engste mit Dr. Merten und mit Wisliceny zusammenarbeitete.

So wurde also einem Teil der griechischen Juden durch Koretz bekanntgegeben, dass sie mit ihren ganzen Familien ins Krakauer Ghetto in Polen übersiedelten, wo die jüdische Bevölkerung sie herzlich aufnähme und sie ruhig leben und arbeiten könnten. Der größte Teil der Deportierten hielt diese Information für wahr und glaubte, dass ihr Schicksal sich besser gestalten würde als das Schicksal der durch die „Organisation Todt" zu Zwangsarbeit Hinausgeführten. Einige heirateten sogar, um zu dem angeblich ins Krakauer Ghetto geleiteten Transport zu kommen.

Anderen wurden Bescheinigungen über Zuteilung von Grund und Boden in der Ukraine ausgehändigt, auch wurden griechische Drachmen in polnische Złoty umgewechselt. Den Begüterten wurde eingeredet, dass die Deportation zur Sicherung der Zone für Kriegsoperationen vor Kommunismus-Verdächtigen geschähe, und dass nach dem Hinausfahren der armen Bevölkerung, die Reichen in das „freie Ghetto Theresienstadt" überstellt würden. Diese und andere Argumente beruhigten und neutralisierten den Willen ihm Widerstand.

Die Reisezeit war für sieben bis neun Tage vorgesehen.

Die Deportierten erhielten vor der Abreise Lebensmittel für zehn Tage, hauptsächlich Brot, getrocknetes Obst und Oliven.

Der erste Transport von deportierten griechischen Juden verließ Saloniki am 15. März 1943. Er bestand aus 2 800 Männern, Frauen und Kindern. [Anm. Kounio: Der Transport kam am 20. März in Auschwitz an. Nach der Selektion an der Rampe suchte die SS-Aufsicht 417 arbeitsfähige Männer heraus, die die Registrierungsnummern 109 371 bis 109 787 bekamen, und 192 Frauen mit den Häftlingsnummern 38 721 bis 38 912. Die übrigen 2 191 Männer, Frauen und Kinder wurden in den Gaskammern getötet.]

Bis Ende März wurden in fünf Eisenbahnzügen 13 435 Personen, bis Mitte Mai 42 830 Personen in sechzehn Zügen und bis zum Ende der Aktion etwa 46 000 Personen transportiert. [Anm. Kounio: Es wurden insgesamt 45 853 Menschen deportiert. Davon wurden 35 285 in den Gaskammern ermordet und 10 568 in das Lager gesperrt.]

Am 1. Juni 1943 deportierte man weitere 880 Juden, denen man versichert hatte, dass sie sich ins Ghetto nach Theresienstadt begäben. [Anm. Kounio: Sie erreichten Auschwitz am 8. Juni. Davon wurden 308 im Lager aufgenommen und 572 in die Gaskammern geschickt.]

Am 2. August 1943 fuhr man aus dem „Baron-Hirsch-Ghetto" „privilegierte" griechische Juden sowie 367 Juden mit spanischer Nationalität in das sogenannte Austauschlager im KL Bergen-Belsen. Fünf Tage später, am 7. August 1943, verließ der letzte Deportationstransport mit etwa 1 800 griechischen Juden Saloniki. [Anm. Kounio: In Auschwitz wurden 271 Männer im Lager aufgenommen, die restlichen 1 529 Menschen wurden in den Gaskammern getötet.]

Eichmann und seine Beauftragten versuchten mit der Deportierung auch die Juden aus der von den Italienern besetzten Zone durchzuführen. Ihre Bemühungen fanden keinen Widerhall bei den italienischen Behörden, besonders bei den Vertretern des Militärs. Auf diesem Gebiet wollten die Italiener nicht mit den Nazis zusammenarbeiten. So erhielten dank einer italienischen Intervention 551 Juden aus Saloniki die Erlaubnis, nach Athen zu fahren, und etwa 1 500 gelang es illegal in die von Italien besetzte Zone zu gelangen, wo man ihnen keine Schwierigkeiten machte.

Nach der Invasion der Alliierten auf Sizilien, dem Sturz Mussolinis und der Unterzeichnung des Waffenstillstands mit den Alliierten durch die italienische Regierung, schritten die Nazis zur Besetzung von Norditalien und rückten in das bisher von Italien besetzte griechische Gebiet ein. Nach der Einnahme der italienischen Zone befasste sich — unter dem Befehl von Lohr — der General der Luftwaffe, Wilhelm Speidel mit der Zivilverwaltung, die Funktion eines Höheren SS- und Polizeiführers übte SS-Gruppenführer Walter Schiman aus.

Am 18. Dezember 1943 erließ die Okkupationsregierung eine Anordnung, 8 000 Juden aus Athen zu verhaften.

Im Judenrat meldeten sich kaum 1 200. Die Nichtbefolgung ihrer Anordnung diente dem deutschen Militärgouverneur als Vorwand in Konfiskation des jüdischen Vermögens.

Ein Teil der Juden versteckte sich unter der „arischen" Bevölkerung Athens. Unter den im März 1944 in Athen und in Janina Verhafteten bildete man einige Deportationstransporte.

Einige hundert „Privilegierte" leitete man am 2. April 1944 ins KL Belsen-Bergen. Zur gleichen Zeit deportierte man etwa 1 500 Juden ins KL Auschwitz. Dorthin leitete man auch im Juni den nächsten Deportationstransport von griechischen Juden aus Athen, sowie von der Insel Korfu, mit über 2 000 Männern, Frauen und Kindern.

Die letzte Deportation von griechischen Juden erfolgte im August 1944. Sie umfasste die von der Insel Rhodos ausgesiedelten Juden. Man brachte sie mit Barken an Land und von dort mit einem Bahntransport nach dem KL Auschwitz. Der Transport bestand aus etwa 2 500 Personen.

Das Staatliche Auschwitz-Museum besitzt in seinen Archivsammlungen Dokumente, die die Ausrottung der griechischen Juden im KL Auschwitz betreffen. Hierzu gehören:
1. Eisenbahn-Kontrollmarken,
2. Liste der Männertransporte, Liste der Frauentransporte,
3. Personalbogen,
4. Liste der während der Selektion am 21. August 1943 im Lager ausgewählten und zum Tod in den Gaskammern verurteilten weiblichen Häftlinge.
5. Meldungen der Widerstandsbewegung im Lager und andere.

Obgleich diese Dokumente nur in Fragmenten erhalten sind, lassen sie doch erkennen, dass das KL Auschwitz das Endziel der Deportationen, ihre Isolation und die Vernichtung der griechischen Juden war.

Die Eisenbahn-Kontrollmarken fand man im Juli 1952 im Material-Magazin der Bahnstation Oświęcim (Auschwitz) und überwies sie dem Archiv des Staatlichen Auschwitz-Museums.

Die Tatsche ihres Auffindens auf der Bahnstation der Stadt Oświęcim (Auschwitz) bestätigt, dass das KL Auschwitz das Endziel für die Deportationstransporte der griechischen Juden war.

[...]

Die Listen der Männertransporte und die Listen der Frauentransporte sind illegal von in den im Büro der Politischen Abteilung beschäftigten Häftlingen des Stammlagers Auschwitz angefertigt worden. Gegen Ende 1944 wurden sie aus dem Lager gebracht. Die Listen sind an Hand der Zugangslisten mit den Namen der ins Lager Auschwitz Neueingelieferten angefertigt. Sie wurden einzeln für männliche und einzeln für weibliche Häftlinge angefertigt.

Die Listen enthalten das Ankunftsdatum des Häftlingstransports; die Zahl der ausgegebenen Nummern der Neuankömmlinge (von – bis), und im Falle „arischer" Transporte den Namen des Orts oder die Abkürzung des Ortsnamens von dem der Transport ins Lager geleitet wurde. Im Fall von Sammeltransporten figuriert bei der Nummer die Abkürzung „Samm" (Sammeltransport) und bei Judentransporten die Abkürzung „RSHA" (Reichssicherheitshauptamt) oder aber es fehlt dabei jegliche Anmerkung.

Die Listen enthalten keine Zahlen von direkt zum Vergasen geleiteten Personen, da diese Neuankömmlinge nicht mit Lagernummern versehen und nicht in die Evidenz eingetragen wurden.

In einer Reihe von Lagerdokumenten, solchen wie Häftlings-Personalbogen (Bunkerbuch) von Block 11, Meldungen und Strafverfügungen, Häftlings-Namenlisten wie auch Material der Widerstandsbewegung und

Prozessakten des ehemaligen Kommandanten Rudolf Höß und Mitgliedern der SS-Besatzung des KL Auschwitz-Birkenau wurden viele Namen zusammen mit den Lagernummern von griechischen Judenhäftlingen aufgefunden, die nach ihrer Deportation nach Auschwitz bei der Selektion für arbeitsfähig erklärt und ins Lager geleitet worden waren.

Der Vergleich der aufgefundenen Namen und Lagernummern mit den Listen der Männertransporte und den Listen der Frauentransporte sowie die Sammlungen der Eisenbahn-Kontrollmarken erlaubten die Feststellung von:
1. den Ankunftsdaten der Deportationstransporte aus Griechenland im Lager Auschwitz,
2. der Zahl der Männer und Frauen, die von den einzelnen Transporten ins Lager Auschwitz geleitet wurden,
3. den laufenden Lagernummern der männlichen und weiblichen, im Lager eingesperrten Häftlinge,
4. der annähernden Zahl der Deportierten,
5. der annähernden Zahl der Vergasten.

Der ehemalige Kommandant des KL Auschwitz, Rudolf Höß, der am zweiten Tag der Hauptverhandlung durch den Obersten Nationalgerichtshof in Warszawa gerichtet wurde, hielt seine, im Verlauf des Verhörs einige Male wiederholte Aussage der Zahl von 65 000 aus Griechenland zur Vernichtung nach Auschwitz gebrachten Juden aufrecht.

Diese Zahl könnte noch etwas grösser gewesen sein, da schon am 22. September 1943 im „Rapport eines SS-Manns" (eines Funktionärs im Lager Auschwitz) für die

Heimatdelegatur der Regierung der Republik Polen für das Land angegeben wird, dass bis Juni 1943 gegen 60 000 Juden aus Griechenland eingetroffen seien.

Also zeugen die Berechnungen gar nicht davon, dass zwischen dem 20. Mai 1943 und dem 16. August 1944 nur 22 Transporte zur Vernichtung nach Auschwitz gebracht worden waren, die 54 533 griechische Juden umfassten, von denen sofort nach ihrer Ankunft 41 776 vernichtet wurden. Es zeugt deshalb nicht davon, weil viele Judentransporte direkt zum Töten in die Gaskammern geleitet wurden, ohne sie einer Selektion zu unterziehen (d.h. ohne Gesunde und Arbeitsfähige auszusuchen). Im Zusammenhang hiermit konnten diese Transporte nicht im Nummernbuch neueingetroffener Häftlinge registriert sein, da niemand von diesen Deportierten ins Lager geleitet wurde. Trotzdem geben die Berechnungen eine Vorstellung sowohl von der Zahl der Deportierten der einzelnen Transporte, wie auch von der Zahl der zum Tod Selektionierten und der Zahl der ins Lager Geleiteten. Diese letzte Zahl beträgt insgesamt 12 757 Männer und Frauen, woran nicht zu zweifeln ist. Jede Person dieser Zahl wurde mit einer laufenden Lagernummer bezeichnet, die man ihr auf den linken Vorderarm eintätowierte. Jeder mit einer Nummer Bezeichnete wurde von der Häftlingsevidenz des KL Auschwitz erfasst.

Die Zahl der 12 757 griechischen Juden, die ins Lager geleitet und zu einem langsamen Tod verurteilt waren, bedeutet 19,6 Prozent der Gesamtzahl der ins KL Auschwitz deportierten griechischen Juden.

Ihr Schicksal war von vornherein entschieden. Schon nach Auschwitz brachte man sie unterernährt, erschöpft und krank. Das vollkommen andere Klima, die schwere körperliche Arbeit, zu der sie bestimmt waren, die Hungerrationen, die unmenschlichen hygienischen und sanitären Bedingungen, der Terror und vor allem das Bewusstsein des Schicksals ihrer Nächsten, die schon in den Gaskammern umgekommen waren, sowie die Hoffnungslosigkeit für sie selbst, zu überleben, erlaubte ihnen nicht, sich dem im Lager herrschenden Regime anzupassen.

Die meisten von ihnen waren ins Lager Birkenau gekommen, das ein Nebenlager des KL Auschwitz war. Sie wurden hauptsächlich beim Straßenbau im Lager und beim Ausbau des Bauabschnitts II, dem späteren Männerlager, und des Häftlingskrankenbaus beschäftigt. 128 junge und gesunde griechische Jüdinnen, die vorher von Prof. Dr. Clauberg ausgesucht worden waren, leitete man in Block 10 des Stammlagers, wo sie zu Experimenten bestimmt waren.

Im Frühjahr 1943 ins Lager gebracht, waren sie schon nach einigen Wochen am Ende ihrer Kräfte. Im Sommer dezimierte sie Malaria und Flecktyphus. Kranke, Rekonvaleszenten und Arbeitsunfähige wurden durch SS-Ärzte und die Lagerbehörde einer inneren Selektion unterzogen.

Hiervon zeugt die erhalten gebliebene am 21. August 1943 im Frauenlager Birkenau angefertigte Namenliste von weiblichen Häftlingen, unterschrieben von der Oberaufseherin Mandel.

Diese Liste enthält 498 Namen und Nummern von während der Selektion im Lager ausgewählten weiblichen Häftlingen, die zum Tod in den Gaskammern verurteilt waren, was das Geheimzeichen „G.U." auf der ersten Seite der Liste beweist.

Die weitere Analyse der Liste erlaubte, festzustellen, dass von diesen 498 Häftlings- Namen und Nummern 438 griechische Jüdinnen betrafen.

In viel besserem körperlichem Zustand befanden sich die im Jahre 1944 aus Athen, Janina und der Insel Korfu nach dem KL Auschwitz deportierten griechischen Juden aus dem bis zum September 1943 von Italien besetzten Gebiet. Hiervon kann z.B. die Tatsache zeugen, dass unter 446 griechischen Juden, die am 30. Juni 1944 ins Lager geleitet wurden, am 22. Juli 1944 (nach der sogenannten Quarantäne) 435 junge, gesunde und gut gebaute Männer am nächsten Tag zur Arbeit im Sonderkommando bestimmt wurden. Diese Juden profitierten jedoch nicht von der Möglichkeit, ihr Leben um einige Monate, unter von der SS für die Mitglieder des Sonderkommandos geschaffenen Bedingungen um den Preis ihrer Arbeit zu verlängern. Sie verweigerten ihre Teilnahme beim Verbrennen von Leichen der vergasten Menschen. Am gleichen Tage, d.h. am 22. Juli wurden sie von den SS-Männern vergast. Diese würdige Haltung der griechischen Juden fand lauten Widerhall im Lager.

Die Vernichtung der griechischen Judenhäftlinge im KL Auschwitz findet ihre Bestätigung auch in Dokumenten der Widerstandsbewegung im Lager, die, indem sie auf illegalen Wegen Rechenschaftsberichte, Meldungen, Abschriften und originale Lagerakten nach außerhalb des Lagers überwies, sich nicht nur bemühte, die „freie Welt" zu alarmieren, sondern auch die von der SS an Häftlingen im Lager begangenen Verbrechen zu dokumentieren.

Die Organisation der Widerstandsbewegung im Lager fertigte außerdem in gewissen Zeitabschnitten aktuelle Zahlenzusammenstellungen von Häftlingen an und beförderte sie an Punkte der Widerstandsbewegung im Land. In der Meldung vom 2. September 1944 gab sie auch den Zahlenstand der griechischen Juden-Häftlinge in den einzelnen Auschwitzer Lagern an, nämlich:

in Auschwitz I (Männerlager) —	292
in Auschwitz II (Männerlager) —	929
in Auschwitz III (Männerlager) —	517
F.K.L. (Frauenlager) —	731
zusammen:	2 469 Personen

Also lebten von den 12 757 griechischen Juden-Häftlingen, die zwischen dem 20. März und dem 16. August 1944 im KL Auschwitz eingesperrt worden waren, am 2. September 1944 nurmehr 2 469 Personen, d.h. etwa 3,8 Prozent der ganzen Summe der etwa 65 000 Deportierten. Ein Teil von ihnen überdauerte im Lager Auschwitz bis zum 17. Januar 1945 und verließ es am 18. Januar, um zusammen mit den Häftlingskolonnen anderer Nationalitäten zu Fuß ins Innere des III. Reichs evakuiert zu werden. Die Kranken, zum Fußmarsch Unfähigen blieben im Lager und wurden am 27. Januar 1945 zusammen mit anderen Häftlingen durch das sowjetische Militär befreit.

Ausgewählte Literatur

Hilberg, Raul. *The Destruction of the European Jews*. Chicago, London: Quadrangle Books, Inc. and W.H. Allen & Co. Ltd, 1961.

Reitlinger, Gerald. *Die Endlösung*. Berlin: Colloquium Verlag, 1956.

Rigas, E. *Grecja naszych czasów* [Das Griechenland unserer Zeit], Warschau: Ksiqzka i Wiedza, 1962.

Danuta Czech (1922–2004), polnische Historikerin und Autorin zahlreicher nationaler und internationaler Veröffentlichungen zum Konzentrationslager Auschwitz.
Danuta Czech war während des Krieges gemeinsam mit ihrem Vater im Widerstand aktiv. Er wurde 1943 zunächst ins Konzentrationslager Auschwitz deportiert, später nach Buchenwald und zuletzt ins KZ Dora-Mittelbau, das er nur knapp überlebte. Danuta Czech nahm 1955 eine Stelle im staatlichen Museum Auschwitz-Birkenau in Oświęcim an, dessen stellvertretende Vorsitzende sie später auch wurde. Sie sagte zudem als Expertin in mehreren Auschwitz-Prozessen in Deutschland aus.
Ihr Lebenswerk waren die beinahe 1000 Seiten umfassenden Auschwitz-Chroniken, die das Museum in seiner Serie Zeszyty Oświęcimskie [Auschwitz Review] von 1958 bis 1963 veröffentlichte. 1989 erschien die überarbeitete und erweiterte deutsche Edition:
Czech, Danuta. *Kalendarium der Ereignisse im Konzentrationslager Auschwitz-Birkenau 1939–1945*. Reinbek bei Hamburg: Rowohlt, 1989.

Ausgewählte weiterführende Literatur

Holocaust

Bajohr, Frank. *Der Holocaust: Ergebnisse und neue Fragen der Forschung.* Frankfurt am Main: Fischer, 2015.

Benz, Wolfgang. *Geschichte des Dritten Reiches.* München: C.H. Beck, 2000.

Cesarani, David. *Adolf Eichmann: Bürokrat und Massenmörder: Biografie.* Berlin: Propyläen, 2004.

[Primärquelle:] Höss, Rudolf. *Kommandant in Auschwitz; autobiographische Aufzeichnungen.* Stuttgart, Deutsche Verlags-Anstalt, 1958.

Kershaw, Ian. *Hitler, the Germans, and the Final Solution.* New Haven: Yale University Press, 2008.

Longerich, Peter. *Politik der Vernichtung: eine Gesamtdarstellung der nationalsozialistischen Judenverfolgung.* München: Piper, 1998.

Longerich, Peter. *Wannseekonferenz: Der Weg zur „Endlösung".* München: Pantheon Verlag, 2016.

Piper, Franciszek, August, Jochen. *Die Zahl der Opfer von Auschwitz: Aufgrund der Quellen und der Erträge der Forschung 1945 bis 1990.* Oświęcim: Verlag Staatliches Museum, 1993.

Wachsmann, Nikolaus. *KL: Die Geschichte der nationalsozialistischen Konzentrationslager.* München: Siedler Verlag, 2016.